NOESP

全国教育科学规划《教育成果要报》汇编

（第2辑）

田慧生　刘贵华◎主编

教育科学出版社
·北 京·

出 版 人　李　东
责任编辑　何　蕴
版式设计　杨玲玲
责任校对　贾静芳
责任印制　叶小峰

图书在版编目（CIP）数据

全国教育科学规划《教育成果要报》汇编. 第 2 辑/田慧生，刘贵华主编. —北京：教育科学出版社，2018. 5

ISBN 978-7-5191-1527-2

Ⅰ. ①全…　Ⅱ. ①田…　②刘…　Ⅲ. ①教育事业—研究成果—汇编—中国　Ⅳ. ①G52

中国版本图书馆 CIP 数据核字（2018）第 099832 号

全国教育科学规划《教育成果要报》汇编（第 2 辑）
QUANGUO JIAOYU KEXUE GUIHUA《JIAOYU CHENGGUO YAOBAO》HUIBIAN

出版发行	教育科学出版社		
社　　址	北京·朝阳区安慧北里安园甲 9 号	**市场部电话**	010-64989009
邮　　编	100101	**编辑部电话**	010-64989363
传　　真	010-64891796	**网　　址**	http://www.esph.com.cn
经　　销	各地新华书店		
制　　作	北京金奥都图文制作中心		
印　　刷	中煤（北京）印务有限公司		
开　　本	169 毫米×239 毫米　16 开	**版　　次**	2018 年 5 月第 1 版
印　　张	16. 25	**印　　次**	2018 年 5 月第 1 次印刷
字　　数	176 千	**定　　价**	49. 00 元

出版说明

为推动教育科研优秀成果转化应用，更好地发挥教育科学界的思想库和智囊团作用，全国教育科学规划领导小组办公室积极创办了致力于服务党和政府决策的内部参阅刊物《教育成果要报》。刊物围绕教育事业改革发展中的重大理论和现实问题，着重反映对教育决策有重要参考价值、对实践有重要指导意义的应用研究成果。《教育成果要报》创刊以来，引起高层领导重视，得到中央领导和教育部领导多次批示，为推动教育科研发展、服务党和政府决策发挥了越来越重要的作用。我们定期从中选编部分内容，形成系列《全国教育科学规划〈教育成果要报〉汇编》并公开出版。《全国教育科学规划〈教育成果要报〉汇编（第 1 辑）》出版后，得到了广大教育科研工作者和管理者的肯定和鼓励，推动形成了《全国教育科学规划〈教育成果要报〉汇编（第 2 辑）》，供广大读者借鉴和参考。

目　录

习近平教育思想的理论渊源、核心观点和重大意义

陈子季
国家教育发展研究中心

【要点】马克思关于人的全面发展学说、历代中国共产党人的教育思想和中华优秀传统文化是习近平教育思想的理论渊源。其核心观点主要包括八个方面：一是教育现代化在国家现代化建设中具有基础性、先导性、全局性作用，必须始终坚持教育优先发展战略；二是坚持立德树人，着力培养、造就中国特色社会主义事业合格建设者和接班人；三是大力促进教育公平，让每个孩子都有人生出彩的机会；四是提高教育质量，培养更多、更高素质的人才；五是加强教师队伍建设，做学生健康成长的指导者和引路人；六是加强党对高校的领导，坚定正确的办学方向；七是深化教育领域综合改革，推进治理体系和治理能力现代化；八是教育要有世界眼光，扩大对外开放，加强

同世界各国的交流。习近平教育思想具有重大的历史意义，是习近平同志治国理政新理念新思想新战略中不可或缺的重要内容，是指导党和国家教育工作的强大思想武器。

一、习近平教育思想的理论渊源

习近平教育思想具有深刻的理论渊源，马克思关于人的全面发展学说、历代中国共产党人的教育思想和中华优秀传统文化是习近平教育思想的重要源泉。

1. 习近平教育思想是马克思关于人的全面发展学说在当代中国的新发展

马克思指出，“每个人的自由发展是一切人的自由发展的条件”。马克思人的全面发展理论中国化，就是将马克思关于人的全面发展学说同中国具体实际相结合。习近平同志提出的“中国梦”的根本目的，就是要实现好、维护好、发展好最广大人民的根本利益，进而提升全社会的幸福指数。进一步说，就是要让中国人民过上更加富裕、更有尊严的生活，实现每个人自由而全面的发展。

2. 习近平教育思想是对历代中国共产党人教育思想的继承和发展

新中国成立以来，从毛泽东着重强调“教育与生产劳动相结合”的观点、邓小平创造性提出“教育要面向现代化、面向世界、面向未来”的论断，到江泽民与时俱进提出“科教兴国”的战略举措，再到胡锦涛开拓性地提出“以人为本”的教育理念，充分体现了历代中国共产党人教育思想既一脉相承又与时俱进的逻辑理路。当下，习近平同志全面继承、发展了以毛泽东、邓小平、江泽民和胡锦涛为代表的历代中国共产党人的教育思想，在教育的社会职能、培养什么样的人和怎样培养人等多个重大教育问题上阐发了一系列新思想和新观点。

3. 习近平教育思想汲取了中华优秀传统文化的精华

习近平教育思想从多个方面汲取了我国优秀传统文化的教育智慧。例如：基于“建国君民，教学为先”的治国理念，提出了教育现代化在国家现代化建设中具有基础性、先导性、全局性作用，必须始终坚持教育优先发展战略；基于“国将兴，必贵师而重傅”的优秀传统，将“教师”视为中国的立教之本、兴教之源，强调“百年大计，教育为本。教育大计，教师为本”；基于“致天下之治者在人才”的治国方略，提出人才是衡量一个国家综合国力的重要指标；等等。

二、习近平教育思想的核心观点

习近平教育思想博大精深，站位高、视野广，措施实、施策准，其核心观点主要包括以下八个方面：

1. 教育现代化在国家现代化建设中具有基础性、先导性、全局性作用，必须始终坚持教育优先发展战略

习近平同志高度重视教育现代化在国家现代化建设中的基础性、先导性、全局性作用，强调教育现代化是我国巨大人口压力转

化为人力资源优势的决定性因素，直接关系着全面建成小康社会和国家现代化的实现。习近平同志提出：“教育发达——科技进步——经济振兴是一个相辅相成、循序递进的统一过程，其基础在于教育。”他强调：“坚持科教兴国战略和人才强国战略，坚持把教育放在优先发展的战略地位。”这些重要论述揭示了只有坚持把教育放在优先发展的战略地位，才能实现教育越办越好、越办越强的目标。

2. 坚持立德树人，着力培养、造就中国特色社会主义事业合格建设者和接班人

把立德树人作为教育的根本任务，培养、造就社会主义事业合格建设者和接班人，是习近平教育思想中的一个重要原则，也是一个根本性问题。一是高度重视“德”在育人中的首要地位和关键作用，提出“道德之于个人、之于社会，都具有基础性意义，做人做事第一位的是崇德修身”。二是高度重视青年正确价值观的养成，提出青年价值观养成就像穿衣服扣扣子一样，人生的扣子从一开始就要扣好。三是明确指出树立和培育社会主义核心价值观的科学途径，要“使社会主义核心价值观内化为人们的精神追求，外化为人们的自觉行动，从娃娃抓起、从学校抓起，做到进教材、进课堂、进头脑”。四是强调“德、智、体、美、劳”全面发展。五是创新性地从治国理政的高度阐释了家庭教育的重要性，将家教和家风问题提升到一个新高度。

3. 大力促进教育公平，让每个孩子都有人生出彩的机会

一是强调“扶贫必扶智”，提出“让贫困地区的孩子们接受良好教育，是扶贫开发的重要任务”。二是高度关注民族地区教育，推进民族教育全面发展。三是提出加快发展面向大众、让人生出彩

的职业教育。四是关注困难群体教育，提出让随迁子女公平享有接受高一级教育的机会，要关爱留守儿童，支持和推动特殊教育事业加快发展，为残疾人谋福祉等教育思想。

4. 提高教育质量，培养更多、更高素质的人才

一是提出“育人为本，质量立校”的教育思想，强调“教育质量是学校的生命，是教育事业的核心”。二是把创新作为引领教育发展的第一动力，“苟日新，日日新，又日新”。三是将人才作为国家富强与民族复兴最持久最有力的支撑，要求“推进素质教育，创新教育方法，提高人才培养质量，努力形成有利于创新人才成长的育人环境”。

5. 加强教师队伍建设，做学生健康成长的指导者和引路人

一是提出教师要做“四个引路人”，即“做学生锤炼品格的引路人，做学生学习知识的引路人，做学生创新思维的引路人，做学生奉献祖国的引路人”。二是高度重视教师素质提升，创造性地提出好教师的“四有”品质，即教师要有理想信念，要有道德情操，要有扎实学识，要有仁爱之心。三是切实关心教师成长进步，“让广大教师在岗位上有幸福感、事业上有成就感、社会上有荣誉感”。

6. 加强党对高校的领导，坚定正确的办学方向

习近平同志对新时期高校党建工作十分重视，对加强和改进高校党的建设提出了更新、更高的要求。一是强调中国特色社会主义大学必须坚定正确的办学方向，“坚持以马克思主义为指导，是当代中国哲学社会科学区别于其他哲学社会科学的根本标志，必须旗帜鲜明加以坚持”。二是要求牢牢把握高校意识形态工作领导权，坚持党的教育方针，坚持社会主义办学方向。

7. 深化教育领域综合改革，推进治理体系和治理能力现代化

把深化教育领域综合改革摆在突出位置，充分体现了习近平同志站在党和人民事业全局高度，加快社会事业改革创新、着力保障和改善民生的政治决心和战略考虑。一是把全面深化改革作为教育事业发展的根本动力，提出“必须通过深化改革，促进教育公平、提高人才选拔水平，适应培养德智体美全面发展的社会主义建设者和接班人的要求”。二是强调教育改革要坚持文化自信，提出“我们的教育改革要坚持文化自信，好经验要坚持，不足的要补齐”，“中国有坚定的道路自信、理论自信、制度自信，其本质是建立在5000多年文明传承基础上的文化自信”。

8. 教育要有世界眼光，扩大对外开放，加强同世界各国的交流

一是顺应人类命运共同体的时代潮流，让文明因相互交流而多彩，因相互借鉴而丰富，并通过教育对外开放，传播中国声音，提高国家文化软实力。强调教育应该通过更加密切的互动交流，促进对人类各种知识和文化的认知……以促进各国学生增进相互了解、树立世界眼光、激发创新灵感，确立为人类和平与发展贡献智慧和力量的远大志向。二是在坚持中国特色的基础上，响应“一带一路”倡议，从实际出发，不断扩大教育对外开放，提出要服务党和国家工作大局，统筹国内国际两个大局，综合运用国内国际两种资源，提升教育对外开放质量和水平。

三、习近平教育思想的重大历史意义

习近平教育思想具有重大的历史意义：第一，习近平教育思想

是马克思主义同当代中国教育实际和时代特征相结合的产物，是中国特色社会主义教育理论的继承和发展。第二，习近平教育思想是习近平同志治国理政思想的重要组成部分，是党和国家制定教育方针与教育发展战略的方法论基础。第三，习近平教育思想对新形势下培养什么样的人、怎样培养人、为谁培养人这些重大问题做出了新的科学回答，把对中国特色社会主义教育事业规律的认识提高到新的水平。第四，习近平教育思想是指导党和国家教育工作的强大思想武器，引领我国教育事业取得新的历史性成就，为实现中华民族伟大复兴奠定了人才之基、科技之基、文化之基。

"十二五"以来我国教育政策和重大举措评估研究及"十三五"拟出台的重大政策建议

柯春晖
中国教育电视台

【要点】"十二五"以来我国教育政策密集出台，量多面广、政策层级跨度大，系统性、配套性、针对性、创新性强。在教育政策的直接推动和间接影响下，立德树人任务有效落实，教育质量稳步提升，教育公平取得重要进展，教育体制改革全面推进，服务经济社会发展能力显著增强，优先发展战略地位有效落实。但是，部分领域政策供给滞后，部分政策内容空洞，部分政策执行失真，部分政策之间存在冲突。"十三五"期间教育政策制定应以基本实现教育现代化为目标，具有国际视野，坚持问题导向，坚持改革创新，坚持统一性与多样性并重。政策制定的内容应致力于落实立德树人根本任务，提高教育质量，促进教育公平，破解制约改革的体制机制障碍，保障财政投入水平、优化投入结构，完善教育治理结构、重构教育生态。

一、“十二五”以来我国教育政策和重大举措的基本特征

“十二五”期间，以《国家中长期教育改革和发展规划纲要（2010—2020年）》和《国家教育事业发展第十二个五年规划》颁布实施为标志，我国进入了一个教育政策密集出台的时期。

一是数量多、覆盖面广，政策层级跨度大。中央和地方出台的教育政策数以千计，几乎涵盖教育事业改革发展的所有方面。

二是系统性、配套性强，政策周密度高。教育政策呈现目标多元、利益主体多样、政策环境复杂等特征，体现出显著的系统性思维，政策战略性、前瞻性、连续性、协调性、配套性很强。

三是敢于触及敏感问题，政策针对性强。政策内容瞄准人民群众关心的热点、难点、敏感问题，如考试招生制度改革；在程序上强调政策调研、咨询、公开征求意见。

四是富含改革气息，政策创新性强。聚焦制约发展的体制机制瓶颈，注重基层创新。国家层面政策指导性、开放性强，给地方改革创新提供广阔空间。

五是政策视野开阔，具有世界眼光。一方面不断提升教育对外开放水平，主动参与全球治理、规则制定；另一方面在政策制定中

注重借鉴国际先进经验。

二、“十二五”以来我国教育政策和重大举措的成效

一是教育发展程度明显提高，人力资源开发总体水平跻身世界中等偏上行列。2015 年，我国各级各类教育的毛入学率已经达到或超过中高收入国家水平，劳动年龄人口平均受教育年限达到 10.23 年，《中国人力资本报告 2016》显示，教育对于劳动力人口人力资本形成的贡献最大。

二是立德树人任务有效落实，教育质量稳步提升。把培育和弘扬社会主义核心价值观融入教育教学全过程。发布中国学生发展核心素养。加强学校体育，组织学校开展全面的体质健康测试。建立健全教育质量监测评价体系。分类开展本科教学评估。

三是教育公平取得重要进展，不断从起点和过程公平向结果公平推进。全面改善薄弱学校办学条件，加强乡村教师队伍建设，统筹推进县域内城乡义务教育一体化改革发展。高等教育入学机会向弱势地区倾斜。实施困难群体教育补偿性政策等。

四是教育体制改革全面推进，一些领域取得突破性进展。改革理念从管理走向治理，着力建设法治型、服务型政府，强调宏观管理、间接管理。推进管办评分离，深入推进简政放权、放管结合、优化服务改革，取消了近 70%的审批事项。加强教育法制建设，修订《教育法》《高等教育法》《民办教育促进法》。完善学校内部治理结构，形成“一校一章程”的多元共治格局。

五是教育服务经济社会发展能力显著增强，有力支撑经济转型

升级和创新驱动战略。服务创新驱动发展战略，高校牵头承担80%以上的国家自然科学基金项目，获国家科技三大奖数占比70%。各高校以创新创业教育带动高校人才培养模式改革，有效增加创新创业型人才供给。各类职业学校每年为各行各业输送近1000万技术技能人才。统筹推进世界一流大学和一流学科建设，推动部分本科高校向应用型转变。

六是教育优先发展战略地位有效落实，教育保障水平不断提高。保障持续稳定的教育投入，连续四年保持4%以上的投入水平，深化农村义务教育经费保障机制改革，建立完善生均拨款制度，非义务教育成本分担机制进一步完善，增加学前教育政府投入，建立研究生奖助学金制度。不断提高教育信息化水平，城市学校互联网覆盖率达95.7%。

三、“十二五”以来我国教育政策和重大举措存在的问题分析

一是部分领域政策供给滞后。由于决策资源的有限性、利益格局的复杂性等，政策无法对新问题、新矛盾及时做出回应。例如学前教育投入政策、师资保障政策缺失；民办教育产权归属、教师权益等制度尚未建立；校企合作相关的激励、保障、约束政策缺乏；特殊教育保障性政策缺乏；学习型社会建设尚缺少有效的体制机制保障；等等。

二是部分政策内容空洞，存在为了制定政策而制定政策的倾向。抽样计量分析发现，“十二五”期间教育政策文本中77%为命

令性、原则性、号召性内容，政策内容相对空洞。以资源再分配、执行力构建、激励为手段的政策内容合计占比仅为23%，实质性的政策举措相对不足。

三是部分政策执行失真。由于教育政策执行场域结构的复杂性和利益诉求的多样性，部分教育政策在执行中表现出政策抵制、象征性执行、替换政策内容、执行滞后、执行短效等现象。例如，有的学校在交流轮岗中将派出教师改为划拨经费。禁止补课政策，实际执行中存在许多“变异”。

四是部分政策之间存在冲突。教育政策的制定呈现条块分割、部门不够协调等问题，使得部分政策之间存在冲突，给执行造成困难。如教职工编制政策将乡村标准统一到城市标准，但同时又面临“财政供养人员只减不增”的约束。

四、“十三五”期间重大教育政策制定的建议

（一）政策制定的原则和目标

1. 政策制定的理念先导

要以创新、协调、绿色、开放、共享的发展理念统领教育改革发展，坚持党的领导，坚持社会主义办学方向，全面贯彻党的教育方针，全面深化教育改革，着力提高教育质量，着力优化教育结构，着力促进教育公平。

2. 政策制定的目标引领：基本实现教育现代化

紧紧围绕基本实现教育现代化提出教育发展的目标和任务。着力将劳动年龄人口平均受教育年限提高至10.8年，全民终身学习

机会进一步扩大，教育质量全面提升，教育发展成果更公平惠及全体人民，教育创新能力明显提升，教育的国际影响力大幅提升，教育制度更加成熟定型。

3. 政策制定的出发点：问题导向

问题是教育政策制定的出发点。当前教育改革发展中存在以下突出问题：一是人才培养还不适应创新型国家建设要求。二是城乡、区域、群体、校际教育之间仍存在较大差距。三是教育投入面临严峻挑战，社会、私人教育投入不足。四是办学活力有待进一步激发，教育治理能力还不完全适应教育现代化的要求。五是教育结构还不尽合理，服务经济社会发展和产业转型升级的能力有待进一步加强。

4. 政策制定的精神：改革创新

政策制定应当具有鲜明的改革特征和品格，以人民立场为根本立场。顶住压力、打破藩篱，敢于突破，敢于创新，切实增强人民群众的获得感。聚焦制约发展的体制机制瓶颈，真正在重点领域和关键环节实现突破。

5. 政策制定的视野：国际视野和世界眼光

教育政策制定应更加具有国际视野和世界眼光，立足我国本土教育改革发展需要，在国际比较中发现差距与不足，在调结构、提质量等方面着力加强政策供给。

6. 政策制定的方法：统一性与多样性并重

我国幅员辽阔，地区之间经济社会发展水平、历史文化传统、教育改革发展水平差异极大。教育政策的制定既要充分考虑方向、理念、原则的统一性，又要充分尊重各地的实际情况和改革探索，鼓励积极开展政策创新。

（二）政策制定的主要内容

1. 明确方向，有效落实立德树人根本任务

全面贯彻党的教育方针，培养中国特色社会主义建设者和接班人。着力将社会主义核心价值体系、中华优秀传统文化、革命优良传统有机融入国民教育全过程。创新德育形式，丰富德育内容，不断提高德育的吸引力和感染力。

2. 聚焦公平，整体推进教育资源共有共享

大力发展普惠性幼儿园，统筹推进义务教育学校标准化建设，基本实现县域义务教育均衡发展。加快发展中西部教育，办好特殊教育，将农民工子女和留守儿童教育全面纳入教育公共服务统筹规划，全面落实随迁子女在流入地参加升学考试政策，不断完善农村留守儿童关爱服务体系，加强特殊群体职业技能培训。

3. 注重内涵，显著提高教育质量

全面提高教育教学质量，把增强学生社会责任感、创新精神、实践能力作为重点任务贯彻到国民教育全过程。扎实开展创新创业教育，完善校企协同育人体制机制，健全各级各类教育质量标准，改革人才评价和选用制度。

4. 深化改革，有效破解体制机制障碍

理顺中央与地方教育管理权限和职责范围，进一步落实和扩大省级政府教育统筹权。落实和扩大高校办学自主权，完善高校分类管理体系。支持和规范民办教育发展。

5. 保障财政投入水平，优化财政投入结构

加强问责，依法保障教育投入强度。有效吸引社会资金投入教育。优化财政性教育经费投入结构，向基本公共服务倾斜。适当地提高非义务教育阶段教育成本的家庭分担比例，提高个人回报率较

高的高等教育专业学费标准。

6. 完善教育治理结构，重构教育生态

形成政府主导、利益相关者多元参与、责任明晰与监督有力的教育治理格局。提高政府的教育公共服务能力，增强各级各类教育机构的办学活力，建立政府与各类社会组织分工协作、公民广泛参与的教育公共服务新机制，为人才培养和教育发展创造良好的制度环境。

关于教育现代化基本理论问题的思考

顾明远

北京师范大学

【要点】 教育现代化是社会现代化的组成部分，我国当下的教育现代化就是以现代信息社会为基础，以先进的教育观念为指导，运用先进科学技术促进教育变革的过程。教育观念的现代化是教育现代化的灵魂，教育内容现代化是教育现代化的主要载体，“互联网+”时代促进教育方式现代化，教育管理现代化是实现教育现代化目标的重要保障。

《国家中长期教育改革和发展规划纲要（2010—2020 年）》（以下简称《教育规划纲要》）制定的战略目标是，“到 2020 年，基本实现教育现代化，基本形成学习型社会，进入人力资源强国行列”。为了实现这个目标，并在当今信息时代全面实现教育现代化，需要对世界教育现代化进行一次梳理，对中国特色的社会主义教育现代化进行理论的探讨。

一、现代化的缘起和发展

现代化是一个历史过程，是人类认识自然、利用自然、改造自然（包括人类自身）的能力空前提高的历史过程，以及由此而引起的政治、经济、文化等社会各领域广泛而深刻的变革，其目标是高度的物质文明和精神文明。

对现代化的发生和起点有两种观点：一种是以意识形态的转变为标志，从而认为它是从欧洲文艺复兴开始。文艺复兴冲破了神的束缚，人的思想得到解放，从而使人类步入现代化的进程。另一种观点是以科学技术与生产的结合为标志，因而认为它是以产业革命为起点。应该说，第二种观点更具有说服力。因为，文艺复兴只是现代化的先兆，是思想准备阶段，只有产业革命把科学技术与生产结合起来，使大工业机器生产代替了手工业生产，人类认识、利用、改造自然的能力才有了空前的提高。

现代化大体上包括从农业社会向工业社会转变和从工业社会向信息社会转变的两大阶段。生产力是社会发展的动力，而科学技术的发展又是推动生产力发展的巨大动力。正如邓小平所说，科学技术是第一生产力；他同时指出，实现四个现代化，科学技术是关键，教育是基础。

二、教育现代化的内涵和基本特征

教育现代化是社会现代化的组成部分，教育现代化实际进程应该说始于20世纪50年代后期。“二战”后以电子、核子为主的科学技术得到迅猛发展，1957年苏联发射了第一颗人造地球卫星，刺激美国开始检讨他们的教育。1958年美国国会通过了《国防教育法》，提出加强数学、科学、现代外语三门基本课程；更新学校的设备；增加大学的奖学金，培养更多的科技人才。于是出现了新数学、新物理、新化学、新生物等一系列新教材。这对教育的目标也提出了新的要求，即由传授知识向培育能力转变。这是一次教育现代化运动，引起了世界各国教育的改革。

教育现代化是随着时代的发展而不断发展的。我们认为，我国当下的教育现代化就是以现代信息社会为基础，以先进的教育观念为指导，运用先进科学技术促进教育变革的过程。中国教育现代化的指导思想就是邓小平提出的“教育要面向现代化，面向世界，面向未来”；是通过教育改革和体制创新，由传统教育向现代教育转变的过程，是赶超世界先进教育水平的过程，也就是建设中国特色社会主义现代教育体系的过程，最终的目标是使我国进入人力资源强国的行列。

教育现代化内涵十分丰富，包括观念层面、制度层面、教育内容和方法层面，最终目标是培养现代化的人。《教育规划纲要》提出“重点是面向全体学生、促进学生全面发展，着力提高学生服务国家服务人民的社会责任感、勇于探索的创新精神和善于解决问题的实践能力”。这就是今天对人的全面发展的要求。

关于教育现代化的基本特征可归纳为九个方面：受教育者的全纳性和平等性、教育的终身性和全时空性、教育的生产性和社会性、教育的个性化和创造性、教育的多样性和差异性、教育的信息化和数字化、教育的开放性和国际性、教育的科学性和法制性、教育的变革性和创新性。教育现代化需要满足这几个特征。

三、教育观念的现代化是教育现代化的灵魂

教育观念的现代化首先表现在对教育的本质、教育的价值和功能的认识上。长期以来，我们总是用工具理性来认识教育。教育离不开一定社会的政治经济并要为它服务，但教育的本质是促进人的发展，是通过传承文化、创新知识的过程促进人的发展。只有每个个体发展了，才能为经济社会服务。教育是每个人发展的基础，也是每个人发展的权利，教育现代化的最终目的就是要培养现代化的人。

2015 年 11 月联合国教科文组织发布一份新的研究报告《反思教育：向“全球共同利益”的理念转变?》，提出教育应该以人文主义为基础，尊重生命和人格尊严、权利平等、社会正义、文化多样性、国际团结和为可持续的未来承担共同责任。在教育和学习方面，要超越狭隘的功利主义和经济主义，将人类生存的多个方面融合起来，采取开放的灵活的全方位的学习方法，为所有人提供发挥自身潜能的机会，以实现可持续的未来，过上有尊严的生活。这就是我们对现代教育本质的新认识。

四、教育内容现代化是教育现代化的主要载体

第一，要树立教育内容现代化的理念。学生的民主素养、科学素养、人文素养、法制素养等现代人的品质，也是教育内容现代化的重要组成部分。国际社会所倡导的21世纪核心技能，如社会情绪、批判思维、创造性、决策能力、个人理财和数字化学习等素养，对于教育内容的现代化都具有指导意义。

第二，要设计立体化的教育内容结构。我国第八次基础教育课程改革体现了立体化特征，着力改变课程管理过于集中的做法，实行国家、地方、学校课程的三级管理模式，有效提高课程为当地社会经济发展服务的功能。

第三，确保教育内容的开放性。教育内容的开发要随着科学技术的发展和时代的变化而动态地变化。内容要反映现代科学技术发展新成果和社会变革的新内容。近些年来，世界各国基础教育所进行的STEAM（科学、技术、工程、艺术、数学）课程整合，以及我国不少省市相继开发的国际理解、生涯教育、环境教育等地方课程，扩充并丰富了教育内容，致力于促进学生学科之外的思辨能力、科学探究能力和问题解决能力等综合能力的培养，提升课程的时代感和现实意义。

第四，教育内容既需要多样化又需要综合化，以满足不同学习者的需求。在课程的实施上，采用灵活多样的形式。分层、走班，个性化、高选择性等方式，是未来教学组织形式的变革。

第五，提倡个性化评价和综合素质的评价。支持每一个个体的

学习过程，帮助其达成共同的教育目标，必须关注教与学的过程，要反馈整体教育愿景和个体学习目标的达成度，而不应该是以学科终结性考试成绩作为判断学生学习情况的唯一标尺。关注教师如何更好地理解学生的学习过程，更准确地判断学生多样化的学习风格，确定学生学习中可能面临的问题，运用反馈确保所有学生都有均等的学习机会。

五、“互联网+”时代促进教育方式现代化

“互联网+教育”，不是简单地在教育中应用互联网，而是将互联网与教育深度融合，让互联网成为内在引擎，推动教育的升级或转型，建立新的教育形态。

当前“云、网、端”一体化正共同创建一个前所未有的“云端—终端”的智能学习空间，海量的教学与学习资源汇聚到云端，学习者利用“云资源”和“云服务”，进行知识的获取、吸收、分享、加工和创造。同时通过互联网、物联网以及各类学习终端设备，能够搭建起实时感应学习者学习环境并采集学习过程信息的虚实结合的智慧学习空间，为学习者提供多样化的互动式体验、适切的教学内容、适应其个性特征的学习支持和服务。

数据和信息资源是最重要的资产之一。互联网、云计算与教育的结合，产出一个核心要素——教育大数据。教师可以利用数据实时调整教学内容和教学方法，并向学习者推送个性化学习资源和进度安排，促进学习者主动参与学习，并实现可持续的形成性学习评价和绩效评估。

“互联网+”时代的一个突出特征是“连通一切”“实时协同”，利用全球化资源及互动合作平台工具构建出分布式创新平台，形成了发挥集体智慧的场域。这就改变了师生在教学中的参与关系。教育主体间的互动方式也逐渐从“自上而下”的传递转变为“平等协商”的对话。学习者可以通过虚拟学习社区、互动平台、社会书签、联合推荐、即时交流、云端存储与分享、移动智能软件、可视化协作软件等平台及社会化媒介，与其他学习者、教师和专家建构协作学习共同体，开展跨时空跨界的分享、讨论和交流，创造集体智慧。在线学习将不再仅是远程开放大学的专利，面授课程与在线课程相结合形成的混合式学习，会成为学校教育教学的常态。

六、教育管理现代化是实现教育现代化目标的重要保障

教育管理现代化不仅是提高教育效率和整体教育质量的保障，也是推进教育现代化的重要内容和实现教育现代化整体目标的保障。当前我国教育管理推进管办评分离，构建政府宏观管理、学校自主办学、社会广泛参与的教育发展新格局。实现教育决策科学化、民主化，要全面贯彻马克思主义民主化的思想，在健全的教育组织形式的基础上，通过广泛听取群众意见，吸收更多的专家、学者以及实践工作者参与教育决策，保证广大教育实践工作者和学校的师生员工参与管理。

教育管理是指对包括人、财、物、时间、空间、信息等在内的教育资源进行合理配置，实现组织目标协调的活动过程。教育管理

人员的专业是确保教育管理现代化发展的智力保障，高素质的教育管理队伍是实现教育管理现代化的关键。要依法治教，用法治来规范教育工作者的行为。

2016—2030年经济社会发展变化对教育的需求研究

胡鞍钢　王洪川　鄢一龙

清华大学

【要点】到2030年，我国人均国民总收入（Gross National Income，GNI）将从2015年的8000美元提高至2万美元（2015年价格）以上，人类发展指数（Human Development Index，HDI）从2015年的0.73上升至0.90左右，进入极高人类发展水平；城乡居民恩格尔系数从30%左右下降至20%左右，属于极富裕型消费结构。我国将成为世界经济强国、创新强国、人才强国，建成共同富裕社会。经济社会对教育现代化的需求主要表现为：推进教育覆盖全生命周期，促进人的全面发展；推进教育的创新发展，促进创新型国家建设；优化教育结构，促进经济转型升级；推进教育公平，促进共同富裕；推进教育双向开放，促进国际竞争力提升；开发人力资源红利，应对人口红利下降。2030 年中国教育现代化将呈现“四个面向”，即面向创新型国家、面向共同富裕、面向现代化、面向世界。

中国现代化的本质就是人的现代化，人的现代化的本质就是人力资本投资，人力资本投资的本质是对人进行长期的终身的教育、健康等投资。中国现代化就需要教育优先现代化，这是现代教育要素不断发展、不断加强、不断应用、不断提高的过程，从而提高人力资本水平和全体人民的发展能力、发展成就。

一、2030 年中国经济社会发展大趋势

1. 经济强国

我们预计，到 2020 年，中国经济增长率保持在 7.0%左右，国内生产总值（Gross Domestic Product，GDP）总量达到 95 万亿元（2015 年价格），无论是按汇率法，还是按购买力评价法，中国的 GDP 占世界比重都会提高至 20%或以上。到 2030 年，中国经济增长率在 6%～6.5%之间，GDP 总量达到 175 万亿元（2015 年价格），中国 GDP 占世界比重提高至 30%左右。

2. 创新强国

到 2020 年，我国进入世界创新型国家行列，全社会研发经费投入占 GDP 的比重达到 2.5%；自主创新能力全面增强，发明专利受理数持续保持世界首位，发明专利授权量、拥有数均上升至第二位，取得一大批在世界上具有重大影响的科技成果；固定宽带家庭

普及率、移动宽带用户普及率大幅度提高，用户数仍居世界首位；全要素生产率明显提高。

到 2030 年，我国建成世界创新型强国，整体科技实力显著增强，主要科技指标位居世界前列，创建一批达到世界前沿水平的国家科学中心和技术创新中心、若干个具有全球影响力的创新城市群、一大批有国际竞争力的创新型领军企业。

3. 人才强国

到 2020 年，我国进入人才强国行列，人才资源总量达到 1. 8 亿~2. 0 亿人，从事研发全时当量超过 550 万人年，每万名劳动力中研发人员达到近 70 人年，高技能人才占技能劳动者比例达到约 1/3，主要劳动年龄人口受过高等教育的比重达到 22%，人力资本投资占 GDP 比重超过 14%。

到 2030 年，我国建成世界人力资源强国，人才资源总量达到 2. 7 亿人，从事研发全时当量超过 1000 万人年，每万名劳动力中研发人员达到 100 人年；高技能人才占技能劳动者比例超过 36%；主要劳动年龄人口受过高等教育的比重超过 1/3；人力资本投资占 GDP 比重超过 17%。

4. 极高人类发展国家

到 2020 年中国人类发展指数将达到 0. 80，进入极高人类发展水平阶段；到 2030 年中国人类发展指数将达到 0. 90 左右，属于极高人类发展水平，其中教育和健康指标贡献率超过 2/3。

5. 共同富裕社会

到 2020 年，预计我国人均国民总收入将达到 1. 1 万~1. 2 万美元（2015 年美元价格），人均国民总收入（按购买力平价计算）达到 1. 85 万美元，接近或达到高收入水平门槛；城乡居民家庭恩格尔系数下降至 25%左右，属于更富裕型消费结构；无论是按国际贫困线，还是按国内贫困线，实现全部消除最后的贫困人口；地区、城乡收入差距不断缩小，基本公共服务均等化程度明显提高，基本社会保障等人口全覆盖。

到 2030 年，人均国民总收入将达到 2 万美元（2015 年价格）以上，人均国民总收入（按购买力平价计算）将超过 3 万美元；城乡居民恩格尔系数下降至 20%左右，属于极富裕型消费结构；地区、城乡收入差距持续缩小，实现公共服务人口全覆盖及均等化。到 2030 年之后，我国还将走向更高水平、更加公平的共同富裕时代。

二、2030 年经济社会发展对教育的需求

认识教育、发展教育要从促进人的自身发展的角度出发。教育可以增加人类的实质自由，而这种实质自由既是发展的手段，也是发展的目的。教育现代化要充分体现“以人为本”，实现对人的生命全周期、全过程的覆盖。

今后 15 年仍是教育发展的黄金时期，人力资源、人才资源红利不断积累和释放，这不仅大大抵消了人口红利的不断减少，而且成为促进中国经济发展、社会进步的重要支撑。教育服务于社会主义现代化建设，服务于人力资源强国和人才强国建设，服务于创新型国家建设，核心是要服务于人的全面发展。教育现代化对实现“五位一体”的全面现代化具有支撑、引领、基础性作用，对实现经济繁荣、国家富强、社会公平、长治久安具有长期性、正外部性、促进性作用。这表现为以下几个方面：

1. 推进教育覆盖人的生命周期，促进人的全面发展

根据人的生命发展周期提供教育，发展能力。在婴儿出生前后提供孕产妇健康教育；在学龄前儿童期，提供学前三年教育、对少数民族儿童提供双语教育、对儿童父母进行教育培训；在少儿期，提供小学、初中义务教育，双语教育、外语教育；在高中年龄期，提供高中教育、中等职业教育；在高等教育年龄期，提供大专大本教育、研究生教育；在成年期，持续提供职业培训、技能培训、继续教育；在老年期，提供老年教育、终身教育。即对不同年龄阶段的不同人群进行各种持续的人力资本投资，提供各种可及性教育培训服务，进而提高人的各种能力。

2. 推进教育创新发展，促进创新型国家建设

教育促进创新表现为科学创新、技术创新、智力创新、国际影响力。第一，大学是一个国家科学研究特别是基础性科学研究的基地，是我国科学创新的主体。第二，大学也是国家技术创新的重要载体，在服务国家、服务地方、服务社会方面发挥重要创新作用。第三，大学还是国家“大脑”（智库）的重要组成部分，在服务国家和地方重大决策方面发挥了智力创新作用。第四，大学还是国家的教育名片，我国已建成一批国际知名、有特色、高水平的高等学校，若干所大学与学科达到世界一流水平，高等教育国际竞争力显著增强。第五，大学更是中国与世界的教育桥梁，每年吸引几十万名来华留学生，为世界培养人才，成为中国软实力重要组成部分。

3. 优化教育结构，促进经济转型升级

教育本身就可以称作服务业，还是知识密集、智力密集、人才密集的大型产业和事业。中国还是世界上最大的教育市场和留学市场，有巨大的发展空间。教育服务业将发展成现代服务业的重要组

成部分和增长点，为金融、物流、信息等其他生产性服务业的发展提供高素质的劳动力基础。

4. 推进教育公平，促进共同富裕

教育是社会民生的重中之重，也是统筹城乡发展的突破口，是促进社会公平的基本手段，是提高人类发展水平的关键因素。教育领域是吸纳社会就业的重要增长点。

5. 推进教育开放，促进国际竞争力提升

教育发展是增强国际竞争力的基础，是中国扩大开放、和平发展的基本保障。中国教育要走出去，世界教育也要走进来，形成空前的中国与世界教育、人员双向交流。

6. 开发人力资源红利，应对人口老龄化

随着学前教育、高中教育、高等教育的普及，劳动年龄人口的平均受教育年限不断上升，教育将为经济社会发展提供人力资源红利和人才红利。

三、2030 年中国教育现代化愿景

1. 面向创新国家，全面提升教育红利

教育对经济社会发展的溢出效应、规模效应更为显著，支撑作用、引领作用更为突出。以教育率先现代化引领全面现代化。教育的人才红利更为显著，为中国特色社会主义现代化源源不断地输送各行各业的优秀人才，培养和造就一大批拔尖创新人才和数以亿计的专门人才与高素质劳动者。教育的创新红利更为突出，高校研发能力显著增强，成为世界最大的基础研究基地。教育的经济红利更

为显著，为中国经济增长提供人力资源保障，并使人力资本对经济增长的贡献率进一步提高，推动经济发展方式转变，促使劳动力从低劳动生产率的农业向高劳动生产率的非农产业转移。教育服务业及相关产业成为国民经济支柱性产业（占 GDP 比重达到 7%以上）。

2. 面向共同富裕，全面推进教育公平

保障人民共同享有接受良好教育的机会，办人民共同满意的教育。建成覆盖城乡的基本公共教育服务体系，实现基本公共教育服务均等化，缩小区域差距、城乡差距和不同群体之间的差距。推进教育资源均衡分配，促进义务教育均衡发展，城乡生均教育经费比显著降低，消除教育贫困，彻底扫除文盲人口。

3. 面向现代化，全面推进教育模式变革

建成覆盖人的生命周期的教育服务体系，建成人人学习、时时学习、终身学习的学习型社会，促进全体人民学有所教、学有所成、学有所用。普遍树立起终身学习的观念，普遍享有终身学习的机会，广泛形成终身学习的社会风气。大力利用信息化、网络化技术，拓展教育模式。

4. 面向世界，全面推进教育开放

教育的国际化程度大幅度提高，国际影响力大大增强，成为教育服务输出的盈余国。来华留学生数、出国留学人员归国率大幅度提高。广泛全面开展多层次、多渠道的教育国际交流合作。增强教育的国际化程度，通过建设高质量的高等教育体系、扩大奖学金支持力度、制定有吸引力的政策，努力营造吸引外国留学生的大环境，使中国成为世界最大的留学生输入国之一。

2016—2030年我国人口变动及城乡、区域分布对教育供给的影响

高文书　王智勇　蔡翼飞

中国社会科学院

【要点】教育资源的供给需要结合人口的变化。据预测，我国教育适龄人口在“十三五”期间将不断减少，“十四五”期间将持续增加，到“十五五”期间又将减少。国家在确定教育资源供给的时候，应当充分考虑到这种短期和长期效应，既要解决短期就学需求的较快增加，又要考虑长期教育需求呈现稳定或递减趋势的影响。未来随着城镇化进程的推进，出生人口的短期增长连同进城农村人口增加带来的教育需求增长，城镇教育供给面临着越来越大的压力，基础教育资源日渐紧张。受人口空间分布格局的影响，东部地区将面临教育资源紧张的问题。尤其是在一些特大城市，由于人口基数庞大，生育政策放开

带来的效果更加明显，基础教育资源供给不足的问题将非常突出，应提前谋划。

人口是影响社会经济发展的最基础变量。近年来，我国的人口形势发生了很大变化，人口总量缓慢增长，劳动年龄人口数量开始下降，老年人口比例快速提高，高龄少子化趋势明显。2014 年，我国放松了计划生育政策，开始实施“单独二孩”政策；2016 年，进一步实施“全面二孩”政策。人口政策的变化，对人口变化施加了额外的影响。教育供给的对象主要是教育适龄人口，教育供给的规模也主要是由适龄人口规模决定的。为科学制定 2016—2030 年教育发展规划，对教育资源配置进行前瞻性谋划，迫切需要科学预测这一时期的人口变化，细致分析其对教育供给的影响。

一、2016—2030 年我国人口总量及教育适龄人口预测

1. 我国人口总量将从 2016 年的 13.82 亿持续缓慢增长到 2030 年的 14.29 亿，然后进入下降期

使用国家卫生和计划生育委员会的国际人口预测软件 PADIS-INT 软件，在一定的参数设定基础上，预测得到：2016—2030 年我国人口总量仍将持续增长，2016 年为 13.82 亿，2020 年为 14.02 亿，2025 年为 14.20 亿，2030 年达到峰值 14.29 亿。可见，未来 15 年间我国人口总量将增加 4700 万人，年均增加 313 万人。当然，这种年均人口增长规模与过去 15 年即 2001—2015 年相比（年均增

加 730 万），已下降至不足一半；人口自然增长率则更低，已不足 3‰，是一种非常缓慢的增长。

2. 教育适龄人口在“十三五”期间将不断下降，“十四五”期间将持续增加，到“十五五”期间又将下降

预测表明，如果将教育适龄人口（即上小学、初中、高中和大学的年龄）界定为 7—22 岁（7 岁为小学入学年龄，22 岁为大学毕业年龄），则教育适龄人口将从 2016 年的 2. 50 亿下降到 2020 年的 2. 45 亿，然后持续增长到 2025 年的 2. 50 亿，之后下降到 2030 年的 2. 47 亿，比 2016 年的数量还要少约 300 万人。因此，从总的教育资源供给来看，2016—2020 年即“十三五”期间的压力较轻，2021—2025 年即“十四五”期间供给压力将会反弹，2026—2030 年即“十五五”期间，初期供给压力最大，之后又会快速减轻。

3. 小学适龄人口在“十三五”期间将不断增加，但“十四五”和“十五五”期间都将不断下降

预测表明，小学适龄人口即 7—12 岁人口，在 2016 年为 9427 万人，2020 年为 9638 万人，2025 年为 9321 万人，2030 年为 8890 万人；小学适龄人口的峰值出现在 2019 年，为 9655 万人。计算表明，“十三五”期间，小学适龄人口将增加 211 万人，年均增加约 42 万人；“十四五”期间，小学适龄人口将减少 317 万人，年均减少约 63 万人；“十五五”期间，小学适龄人口将减少 431 万人，年均减少约 86 万人。因此，从小学教育资源供给来看，“十三五”期间压力会比较大，“十四五”期间和“十五五”期间压力将快速减轻。

4. 初中适龄人口将持续增长，到 2023 年达到峰值，然后开始不断下降

初中适龄人口即 13—15 岁人口，在 2016 年为 4400 万人，2020

年为4669万人，2025年为4797万人，2030年为4651万人；初中适龄人口的峰值出现在2023年，为4913万人。分析表明，“十三五”期间，初中适龄人口将增加269万人，年均增加约54万人；“十四五”期间，初中适龄人口先增加后减少，前三年（2021—2023年）将增加244万人，年均增加约81万人，后两年（2024—2025年）将减少116万人，年均减少58万人；“十五五”期间，初中适龄人口将减少146万人，年均减少约29万人。可见，初中教育资源供给的压力，会从2016年持续增加到2023年，之后才会持续减轻。

5. 高中适龄人口在“十三五”期间缓慢增长，“十四五”期间快速增长，“十五五”期间较快下降

高中（含中职，下同）适龄人口即16—18岁人口，将从2016年的4329万人持续增加到2020年的4418万人和2025年的4851万人，到2026年达到峰值4911万人，然后不断下降到2030年的4713万人。计算表明，“十三五”期间，高中适龄人口将增加89万人，年均增加约18万人；“十四五”期间，高中适龄人口将增加433万人，年均增加约87万人；“十五五”期间，高中适龄人口将减少138万人，年均减少约28万人。可见，高中教育资源供给的压力在“十三五”时期会缓慢增加，在“十四五”时期会快速增加，在“十五五”时期会较快减轻。

6. 大学适龄人口在“十三五”期间急剧下降，“十四五”期间缓慢增长，“十五五”期间较快上升

大学适龄人口即19—22岁人口，将从2016年的6821万人，急剧下降到2020年的5793万人，之后持续增长到2025年的6024万人和2029年的6495万人，2030年又开始下降到6478万人，比

2016 年的数量还低 343 万人。分析表明，“十三五”期间，大学适龄人口将减少 1028 万人，年均减少约 206 万人；“十四五”期间，大学适龄人口将增加 231 万人，年均增加约 46 万人；“十五五”期间，大学适龄人口将增加 454 万人，年均增加约 91 万人。因此，大学教育资源供给压力在“十三五”时期会显著减轻，在“十四五”时期会较快增加，在“十五五”时期会快速增加。

二、人口城乡分布变化对教育供给的影响

1. 农村教育适龄人口将持续快速下降，城镇教育适龄人口在“十三五”时期基本保持稳定，之后会快速增长

预测表明，随着城镇化的推进，农村教育适龄人口呈现持续下降的趋势，从 2016 年的 1. 20 亿下降至 2030 年的 0. 82 亿，下降幅度约为 32%；城镇教育适龄人口在 2016—2020 年间基本保持在 1. 30 亿人，之后会快速增长到 2025 年的 1. 49 亿人，到 2030 年会增长到 1. 66 亿人。城镇和农村教育适龄人口的比例，在 2016—2020 年间基本保持在 10∶9，到 2025 年提高到 10∶7，2030 年进一步提高到 10∶5。因此，城镇对教育资源的需求将更大，增加教育供给的任务主要在城镇。

2. 城镇小学适龄人口持续扩大，农村小学适龄人口在增长两年后迅速萎缩

预测表明，城镇小学适龄人口将从 2016 年的 4144 万不断提高到 2020 年的 4768 万人和 2025 年的 6300 万人，到 2030 年会达到 6436 万人；农村小学适龄人口从 2016 年的 5313 万人增加到 2017

年的5467万人之后，便进入快速下降期，2020年下降到4870万人，2025年为3021万人，2030年只有2454万人。2016—2030年间，城镇小学适龄人口将增加2292万人，增幅达到55%，年均增加约153万人；农村小学适龄人口将减少2859万人，降幅达到54%，年均减少约191万人。可见，从教育供给的角度看，城镇小学教育需要大幅增加，农村小学教育需要大幅削减。

3. 城镇和农村初中适龄人口在2024年之前基本保持稳定，之后城镇初中适龄人口将快速增加，农村初中适龄人口迅速减少

预测表明，城镇初中适龄人口在2016—2024年间基本保持在2200万人左右；农村初中适龄人口在2016年为2279万人，2020年为2494万人，2025年为2314万人。2025—2030年间，城镇初中适龄人口将从2482万人增长到3330万人，年均增加170万人；农村初中适龄人口则会下降到1321万人，年均减少约199万人。因此，在"十三五"和"十四五"期间，城镇和农村初中教育供给需要保持基本稳定或略有增加；"十五五"时期，城镇初中教育供给需要快速增加，农村教育供给需要大幅降低。

4. 城镇高中适龄人口将保持长期稳定，在"十五五"中后期才会快速增长；农村高中适龄人口在"十三五"时期基本不变，"十四五"时期会较快增加，"十五五"时期急剧下降

预测表明，城镇高中适龄人口在2027年之前基本稳定在2400万左右，之后会快速增加到2030年的3200万左右；农村高中适龄人口2016年为2029万人，2020年为2005万人，2025年为2420万人，2030年为1481万人。城乡高中适龄人口的大幅变化主要发生在"十五五"时期。这一时期，城镇高中适龄人口将增加800万人，年均增加160万人；农村高中适龄人口将减少939万人，年均

减少近 188 万人。因此，城镇高中教育供给需要保持大体稳定，在“十五五”时期则要大幅增加；农村高中教育供给在“十三五”时期需要大体稳定，“十四五”时期较快增加，“十五五”时期则要大幅削减。

5. 城镇大学适龄人口将快速下降，2020 年之后将保持在 3600 万人左右；农村大学适龄人口在 2024 年之前基本稳定在 2200 万人左右，之后将快速增加

预测表明，城镇大学适龄人口将从 2016 年的 4474 万人减少到 2020 年的 3643 万人，亦即“十三五”期间减少 831 万人，降幅达 19%，之后会一直维持在 3600 万左右；农村大学适龄人口 2016 年为 2348 万人，此后大体稳定在 2200 万左右，但到 2025 年会进入快速增长阶段，“十五五”时期将从 2337 万人增加到 2907 万人，年均增加 114 万人。因此，城镇人口大学教育供给在“十三五”时期需要较大削减，“十四五”和“十五五”时期保持基本稳定；农村人口大学教育供给在“十三五”和“十四五”时期需要保持基本稳定，但“十五五”时期需要大幅增加。

三、人口区域分布变化对教育供给的影响

从小学适龄人口来看，中部、西部地区相对稳定，分别稳定在 3000 万和 2500 万上下；东部地区先上升后下降，峰值出现在 2023 年，达到 4089 万。

初中适龄人口，中部地区稳定在 1500 万左右，西部地区呈现逐步下降的趋势，从 2016 年的 1420 万降为 2030 年的 1192 万；东

部地区则出现先略微下降，然后逐步上升，再略有下降的趋势，峰值出现在 2026 年，达到 2098 万。

高中适龄人口，中部地区先略有下降，再基本保持稳定；西部地区持续小幅下降；东部地区呈现 U 形变化过程，谷值出现在 2016 年，为 1941 万人，然后逐步上升到 2029 年的 2103 万人。

从大学适龄人口来看，三个区域均呈现总体下降的态势。所不同的是，东部和中部地区在下降到 2020 年后开始小幅增长，而西部地区则持续小幅下降。

综上，中部和西部地区受教育人口呈现稳定或者略有下降的态势，教育供给不需要大的变化，主要需要关注质量的提高；而东部地区教育需求在较低年龄段短期会出现升高的情况。这是中西部地区人口向东部地区不断迁移，迁移人口及其子女居住在东部地区导致的。在此情况下，东部地区的教育供给需要强化，需要对基础教育资源，特别是小学教育资源加大供给。

从分省的预测看，2016—2030 年间，小学教育供给明显短缺的省份包括北京、天津、山西、内蒙古、吉林、黑龙江、湖北等，而河北、江苏、河南、江西、广西、重庆、四川等地则普遍存在小学教育供给过剩的问题；初中教育供给明显短缺的省份包括北京、天津、内蒙古、吉林、黑龙江、上海、江苏、安徽、山东、湖北、海南、重庆、陕西等；而河北、广西、贵州、云南等地则普遍存在初中教育供给过剩的问题。

2030 年中国与发达国家的教育发展比较

中国教育科学研究院课题组

【要点】 中国教育发展总体水平已进入世界中上行列，2030 年中国教育将基本达到发达国家平均水平。如按当前教育发展节奏推进，与发达国家相比，2030 年我们仍将在五个方面有明显差距：中小学班额偏大；高等教育普及水平较低；高等教育对留学生的吸引力不强；15 岁以上人口文盲率水平偏高；财政性教育经费占国内生产总值（GDP）的比例仍然偏低。在未来 15 年推进教育现代化进程中，我国应持续加大教育投入，实现城乡标准化办学，消除大班额问题，稳步提升高等教育入学机会，全面提高高等教育质量，提升教育在国际交流中的软实力。

本研究对 2030 年中国与发达国家的教育发展水平进行分类比

较分析。课题组研究整理了国际可比的 15 类 34 项教育指标，分为普及与公平、结构与质量、条件与保障以及服务与贡献四个维度，综合采用人口多状态模型、系统动力学模型和统计预测模型等方法得到 2020 年、2030 年各指标预测数值，并将发达国家分为经济合作与发展组织（Organization for Economic Co-operation and Development，简称 OECD）成员国、欧盟成员国、高收入国家、极高人类发展水平国家、七国集团（G7）成员国等 5 类，此外将加入 20 国集团（G20）的国家和美国进行对比分析，力求全面了解 2030 年中国教育与发达国家的教育的差距和努力方向，为办好具有中国特色、世界水平的现代教育提供实证支撑。现将相关比较分析主要结论报告如下。

一、2030 年中国教育基本达到发达国家平均水平

1. 2030 年中国教育将达到经济合作与发展组织（OECD）整体水平的 86.7%

2015 年、2020 年的达成度①分别为 72.9%、78.4%。分维度来看，2030 年我国教育发展的条件与保障维度、服务与贡献维度的综合水平可接近 OECD 平均水平，达成度分别为 99.6%与 96.8%；教育普及与公平维度达成度为 91.2%，差距最大的是结构与质量维度，达成度仅为 59.3%。

---

① 达成度：以发达国家的教育指标值为目标，求出中国相应指标数值与其的比值。

2. 2030年中国教育将达到欧盟国家整体水平的84.8%

2015年、2020年的达成度分别为72.0%、77.2%。分维度来看，到2030年，我国教育发展的条件与保障维度已经超越欧盟平均水平，达成度为103.2%；普及与公平维度的达成度为94%，服务与贡献维度达成度为84.6%，差距最大的是结构与质量维度，达成度仅为57.3%。

3. 2030年中国教育发展水平将达到高收入国家整体水平的81%

2015年、2020年的达成度分别为69.1%、74.2%。分维度来看，到2030年，我国教育发展的条件与保障维度综合水平可接近高收入国家平均水平，达成度为99.3%；教育发展的普及与公平维度，达成度为92.8%；服务与贡献维度为90.1%；差距最大的是结构与质量维度①，达成度仅为41.9%。

4. 2030年我国教育发展水平将达到极高人类发展水平国家整体水平的86.4%

2015年、2020年的达成度分别为74.3%、79.8%。分维度来看，2030年我国教育发展的服务与贡献维度②综合水平超过极高人类发展水平国家的平均水平，达成度为104.1%；教育发展的条件与保障维度综合水平到2030年也基本达到极高人类发展水平国家的平均水平，达成度为98.0%；教育普及与公平维度达成度为

① 与高收入国家进行教育发展的结构与质量维度比较时缺少平均班额数据。

② 与极高人类发展水平国家进行教育发展的服务与贡献维度比较时缺少文盲率数据。

92.2%；差距最大的是结构与质量维度①，2030 年达成度仅为 51.3%。

5. 2030 年我国教育发展水平将达到 G7 国家整体水平的 92.4%

2015 年、2020 年的达成度分别为 76.8%、83.1%。分维度来看，2030 年我国教育发展的条件与保障维度可超越 G7 国家的平均水平，达成度为 123.7%；服务与贡献维度的综合水平②相对于 G7 国家的平均水平追赶速度显著，达成度从 2015 年的 70.5%提高至 2030 年的 90.4%；教育普及与公平维度达成度为 92.7%，结构与质量维度还与 G7 国家的平均水平有一定差距，达成度仅为 62.7%。

6. 2030 年我国教育发展水平将达到美国的 84%

2015 年、2020 年的达成度分别为 70.9%、76.5%。分维度来看，2015—2030 年，我国教育发展的条件与保障维度总体上持续超越美国，并与美国差距逐渐拉大，达成度将高达 119%；教育普及与公平维度达成度为 97.6%，服务与贡献维度的综合水平③相对于美国追赶速度显著，达成度从 2015 年的 62.7%提高至 2030 年的 83%；结构与质量维度④与美国差距明显，2030 年达成度仅为 36.5%。

7. 2030 年我国教育发展水平将达到 G20 国家平均水平的 95.4%

2015 年、2020 年的达成度分别为 79.8%、86.6%。分维度来

---

① 与极高人类发展水平国家进行教育发展的结构与质量维度比较时缺少平均班额数据。

② 与 G7 国家进行教育发展的服务与贡献维度比较时缺少文盲率数据。

③ 与美国进行教育发展的服务与贡献维度比较时缺少文盲率数据。

④ 与美国进行教育发展的结构与质量维度比较时未含各级教育私立学校在校生比例数据。

看，到 2030 年，我国教育发展的条件与保障水平将超过 G20 国家的平均水平，达成度为 117.7%；服务与贡献维度①与 G20 国家的平均水平相当，达成度为 102.2%；教育普及与公平维度达成度为 94.9%；差距最大的是结构与质量维度②，达成度仅为 66.7%。以达成度 85%为基本达标标准，2030 年中国教育将基本达到发达国家教育发展平均水平。

二、2030 年中国与发达国家教育发展的主要差距

与发达国家相比，2030 年中国教育发展存在的差距主要表现在以下方面：

1. 中小学班额偏大问题仍然突出

2015 年我国小学平均班额为 38 人，初中平均班额为 48 人。近年来减少大班额的相关政策纷纷出台，按照当前发展趋势预测，预计 2030 年我国小学平均班额为 38 人，初中平均班额将会减至 39 人。但与发达国家相比，2030 年我国中小学班额仍然偏大，以初中为例，2030 年欧盟、OECD、G7 国家的初中平均班额的预测值分别为 17 人、22 人、28 人，我国的平均班额高出以上国家 10 人以上。

2. 高等教育普及水平存在明显差距

根据预测，2020 年我国高等教育毛入学率为 51.3%，2030 年

① 与 G20 国家进行教育发展的服务与贡献比较时缺少平均班额数据。

② 与 G20 国家进行教育发展的结构与质量维度比较时缺少平均班额数据。

将达到60.2%；而2030年不同类别的发达国家的高等教育毛入学率的平均水平均在82%以上，其中OECD国家预计为96.4%，美国则会达到100%以上。

3. 高等教育对留学生的吸引力仍需提高

2015年留学生占高等教育学生规模的比例，中国仅为0.5%，2030年预计为0.9%；而2030年发达国家整体水平预测均在8%以上，其中欧盟为8.2%，G7国家为9.8%，OECD国家预计为13.1%，高收入国家则可能高达21.9%。

4. 15岁以上人口文盲率水平仍明显偏高

2015年我国的文盲率为4.3%，2030年预测降到2.1%；而发达国家文盲率水平长期保持在较低水平，2030年高收入国家文盲率预计为1.3%，欧盟国家为0.9%，OECD国家为1.7%。通过多种方式和途径，降低15岁以上人口文盲率将是我国推进教育现代化进程中的重要任务。

5. 财政性教育经费占GDP的比例明显偏低

2014年我国财政性教育经费占GDP的比重为4.15%，2030年预测此比例为4.2%。发达国家2015年财政性教育经费占GDP的比例整体水平均超过5%，2030年此比例预测也均在5.2%以上，高出我国1个百分点。没有充足的经费投入，就不可能有现代化的教育，未来15年加大教育经费保障力度，持续稳定地增加教育投入仍是我国推进教育现代化的重要基础和必要前提。

世界主要国家推进教育现代化的新趋势

周海涛

北京师范大学

【要点】 教育现代化是一个时代议题，也是全球发展主题之一。国际竞争日益激烈、国家转型快速发展，教育在破解发展难题、支撑国家进步、助推经济发展、改善民众生活、创建和谐社会、推进全球治理方面的重要性愈加凸显。教育现代化是国家现代化的重要内容和手段，已经成为国际共识。优先发展教育，持续增强教育适应未来需求、迎接时代变革、呼应全球潮流的能力，已经上升为国家重要战略。教育领域深刻调整、超越传统模式，在学前教育、义务教育、高中教育、职业教育、高等教育、继续教育与终身学习、私立教育、师范教育、考试评价、教育投入、教育法制化、信息化和国际化方面呈现出新动向、新趋势。

一、更加倡导教育人本化、个性化、互动化，致力培养适应未来发展需要的人

（1）全人发展成为现代化教育发展的核心内涵。联合国教科文组织（United Nations Educational, Scientific and Cultural Organization，简称 UNESCO）将全人发展作为新时代的教育目的观，重视健全人格的培养和塑造。（2）个性化教育成为发达国家基础教育改革的重要理念之一。美国等国家开始实施个性化教育策略，为学生提供根据自身需求进行个别、有意义学习的机会。芬兰提出基础教育未来发展的核心目标在于培养未来公民所需要具备的能力。（3）强调在启发互动中培养学生独立思维能力。美国、新加坡等国家打破单一的教学模式，倡导师生、生生互动，推行培养思维能力的教学方式。（4）营造良好人才培养政策环境。日本强调教育为未来发展准备，提出培养在全社会各个领域引领与创造新价值、新观念的领导能力和领军人才。韩国从未来教育机构的形态、教职员的能力与综合素养、教育服务产品的内容开发、教育软硬件设施等多个方面，描绘未来教育整体发展远景。

二、普遍重视婴幼儿早期教育，提高学前教育入园率

美国联邦教育部正推动“全民学前教育”计划，俄罗斯在幼儿园实行电子派位以实现“3—7 岁儿童 100%入园”的目标，西班牙

2008 年启动的教育 3 计划拟拨款 10 亿欧元建设或改造幼儿园，荷兰自 2012 年起每年投入 9500 万欧元用于扩大幼儿就学机会，新加坡 2013—2018 年预算拨款 2500 万新元发展小型幼儿园。为保证所有儿童能接受优质的学前教育，各国政府普遍致力于：（1）加强学前教育立法和质量监管；（2）缩小班额；（3）制定幼儿教师国家从业资格标准，并不断提高薪酬水平；（4）注重幼小衔接，逐步实现学前一年免费教育。

三、延长义务教育年限，促进教育优质均衡发展

（1）各国都有延长义务教育基准年限的趋势，当前，发达国家义务教育基准年限一般比国际平均水平高出 2 年以上（从中等收入向高等收入跨越时期一般高出 1—2 年）。高收入国家义务教育基准年限为 9 年，最高为 13 年（荷兰、比利时、德国、波多黎各）。（2）UNESCO《教育 2030：迈向全纳、公平、有质量的教育和全民终身学习的声明和行动框架》要求各国更加公平地分配资金，为每个人（尤其是弱势群体）提供平等、均衡、优质的教育。

四、推动高中教育多样化发展，提高普及水平和质量

（1）提高高中教育毛入学率，多途径降低辍学率。土耳其提出，2018 年中学毛入学率达到 100%。（2）提高毕业率和中等教育完成率。澳大利亚提出，2015 年实现高中教育完成率 90%；爱尔

兰提出，2020 年将拥有高中学历人口比例提高到 92% 以上。（3）鼓励学校转型发展，创新高中教育供给。（4）提供个性化教育内容，专项资助培养创新特长人才。美国高中为有不同需求的学生提供丰富的替代性教育内容，日本于 2002 年启动“超级科学高级中学计划”。

五、发展职业教育与继续教育，畅通全民终身学习通道

（1）加大对职业教育机构及其学生的资助力度。美国鼓励社区学院通过竞争获得联邦政府的专项资助，将职业教育学生纳入资助范围。（2）建立质量保障体系，建立职业资格能力跨国互认机制。欧洲议会于 2009 年公布的《欧洲职业教育与培训质量保障参考框架》（EQAVET）及 2012 年推出的在线系统“EQAVET 质量环”，使区域职业教育质量的共同保障成为可能。（3）强调加强普职融通、产教合作。韩国于 2014 年实行“国家能力体系”，重组学校教育、职业培训、终身学习制度和资格制度。面向 2020 年和 2030 年，英国提出“所有学生和学员能够接受各种世界级技能，使未来英国青年胜任于世界竞争”的目标；德国提出“50%的从业人员接受继续教育”的目标；韩国启动“百岁时代”终身学习体系建设计划，鼓励“先就业，后升学”，承诺提供不同人生阶段的终身教育。

六、创新高等教育人才培养方式，培育有竞争力的世界一流大学和有特色的应用技术大学

（1）提高大学入学标准和招考灵活度，促进学生来源多元化。英国规定，多种考试成绩和证书均可作为大学入学参考。（2）鼓励本科生独立从事科研，加强研究型人才和实用人才培养。美国本科生由教授亲自指导实施完整的科研项目。（3）加强就业创业能力培养，出台创业资助优惠政策。英国逐步提高“学徒制”经费预算，德国设立“创业者奖学金”，向创业师生提供一年经费。（4）保障对一流大学的财政支持，建立学科人才梯队。俄罗斯于 2013 年年初选定 15 所高校进行重点支持。（5）应用科技大学与综合性高等教育贯通，形成完整的人才培养体系。欧洲国家多发展多科技术学院和应用科技大学，培养高级应用型人才和技能人才。

七、大力发展私立教育，增加办学活力和优质教育资源供给

（1）通过立法保障私立学校办学自由。日本《私立学校法》、德国《私立学校教育法》、荷兰《私立学校法》、美国《宪法》等保护私立学校自主权，并相应提出办学要求。（2）完善政府购买服务机制，保持适当的财政扶持力度。韩国通过“私学财政补贴制定”提供财政支持；美国通过科研项目、教育资助项目、学生资助

计划等形式资助。(3) 完善适应时代要求的内部治理结构，开始适应性的综合改革。德国基础教育阶段获国家认可的替代性私立学校，有义务接受公办学校的管理体制。(4) 强化市场机制，推动第三方质量评估。

八、优先发展师范教育，加强教师队伍建设

(1) 重视师范教育，严把出入口质量关。俄罗斯提出优先发展师范教育，以公费生指标保障师范生规模；德国鼓励高校创新招生宣传，吸引更多优秀学生报考师范专业。(2) 提高教师身份地位和薪酬待遇。日、韩、法等国公立中小学教师属于教育公务员，待遇优于一般地方公务员。(3) 严格教师资格认证制度，建立完善的绩效评价体系。(4) 加强专业化建设，提高教师质量。荷兰正推进教师职业化建设，加强中学和大学教师交流合作，增加中小学教师的海外交流机会。(5) 优化师资配置，加强乡村教师队伍建设。美联邦政府通过向乡村学校拨款、新任乡村教师支持计划、乡村教师职业培训项目等加强乡村教师队伍建设。

九、健全公平客观的教育考试制度，改革考试内容、形式、管理和评价

(1) 在探索建立全国统一考试的同时，削弱标准化考试实施力度。俄罗斯于 2009 年全面推行高校入学统一考试，但同时计划对

不想进本科院校学习的高中生取消全国统考。(2) 提供多次考试和科目选考机会，重点考查学生综合能力。美国学术评估测试（SAT考试）每年在美国境内、外分别举行7次和6次，自2016年起原有的批判性阅读变为基于证据的阅读，减少蒙猜或仅通过排除错误选项而获得答案的可能性。(3) 规范国家结业考试流程，国家初中毕业会考引入分级制度。(4) 加强考试管理，建立质量标准规范和安全管理体系。(5) 美、英等国加强国家级专业化考试机构建设，采用机考系统和智能化自动评卷系统。

十、推动信息化建设，加速技术与教学的有效结合

(1) 完善信息基础设施，实现计算机作为学习辅助设备的大规模普及和高速宽带的全面覆盖。日本已于2010年实现任何时间、任何地点、任何人都可以上网的目标。(2) 打造数字教育资源，加强对师生的信息技术培训。UNESCO提出，要让全世界所有人都能利用信息与通信技术随时随地学习和完善自己。(3) 推动教育事务的数字化管理，提高教育管理效率和管理数据透明度。加拿大和法国都提出，到2020年建成较为成熟的数字化教育管理系统。

十一、优先保障教育投入，优化经费筹措和投放方式

(1) 提高公共教育经费占国内生产总值（GDP）的比重，拓宽非公共经费来源渠道。UNESCO提出，2030年各国教育经费占

GDP 比重至少应当达到 4%～6%，公共支出中至少有 15%～20%用于教育事业发展。（2）改革财政拨款模式，实施绩效拨款制度。英国、澳大利亚、印度在拨款公式中加入质量指标，质量高低决定拨款数额多少。（3）推动财政预算倾斜，经费聚焦关键领域。除德国外，发达国家政府对基础教育的投入明显高于高等教育。

十二、加强教育立法，依法规范教育管理

（1）"先立法后改革"与"先改革后立法"相互促进。如俄罗斯 2013 年颁布新《俄罗斯联邦教育法》，对现行教育法规进行系统化的和现代化的改造，以系统地规范教育领域的各种关系；同时，将各地良好的改革探索用法律形式固定下来。（2）全面推进依法治教和依法治校。世界各国普遍重视在立法中对教育行政基本原则予以沿用或补充；同时，加强对各级各类办学主体的管理，有些国家甚至出台专门法规加强管理。（3）提高教育法规的配套性和系统性。21 世纪以来，基本上所有国家都有过 1—2 次针对基础教育的法律修订或调整。

十三、鼓励发展跨境教育，完善扩大开放的教育国际化政策

（1）放宽跨境教育的政策限制，支持境外办学。韩国和德国先后提出按需开放外国人办学限制。（2）鼓励学生流动和海外学习实

践。一方面，各国着重打造本国留学品牌；另一方面，大力资助本国学生出国交流，培养具有国际视野的新型人才。如日本正实施2020年高中生和大学生留学人数倍增计划，英国2014—2017年向本国青年提供10万个海外实践和学习机会，俄罗斯于2014年启动“全球教育”总统计划。(3) 加强外语教学课程改革，奠定对外开放战略的语言基础。(4) 制定国际学生留居政策，提升劳动力市场的开放程度。(5) 加强国际交流和共同体建设，提高对外开放水平。UNESCO和欧盟于2001年制定的《跨国教育良好做法准则》，以及欧洲《鲁汶公报——2020年前的博洛尼亚进程》(2009年)得到相关国家的认可和应用。

关于加快推进教育现代化的建议

湖北省教育科学研究院

【要点】 教育现代化是社会现代化的重要组成部分，是教育适应社会发展需要和人的发展需要，实现由传统教育向现代教育转换的过程，其核心是实现人的现代化，这是教育现代化区别于其他现代化的本质特征。实现以人为核心的教育现代化，要科学确定战略目标、战略路径、战略步骤和战略任务。

一、关于战略目标

建议从功能、水平和贡献三个维度确定发展目标。

1. 从教育功能维度，教育现代化的战略目标建议是：塑造现

代国民

现代国民是适应传统社会向现代社会转变，具有现代社会的一套认知态度、思想观念、价值取向和行为模式的一代新人。美国学者英克尔斯（Inkeles）等人在20世纪60年代对阿根廷、智利、以色列、尼日利亚、巴基斯坦、印度6个发展中国家进行大量调查研究，从3个角度、24个维度去测量人的综合现代性，力图为“现代人”列出素质清单。一般认为，现代国民应具有理性的思维、独立的判断力、开放的视野、平和的心态、不卑不亢的外交节操、一定的社会责任心。世界范围内，教育现代化先行地区都较早开展了现代国民教育。英国现代国民教育从20世纪90年代后逐渐建立和发展起来。现代国民教育对于英国精神、文化和道德的构建起着举足轻重的作用，它使得英国可以在保持宗教和道德传统的前提下，更好地应对现代社会对道德提出的挑战与要求。美国是现代国民教育思想与实践的策源地，其国民教育的核心教育理念是：尊重公民个人的价值与追求，一切从“你”——一个具体的人开始。美国国民教育的成功，极大地加快了其国家现代化的进程。因此，现代化社会需要加快培育现代国民。培育现代国民有利于加快国家现代化进程。

2. 从教育发展水平维度，教育现代化的战略目标建议是：建成全球教育中心

当前，中国已进入中等偏上收入阶段的发展中国家行列。根据相关研究，到2050年，我国很有可能实现三大历史性跨越。一是到2020年实现国内生产总值（GDP）总量和人均GDP水平比2010年翻一番，并迈进高收入阶段。二是到2030年前后实现GDP总量赶上甚至超过美国，成为世界第一大经济体。三是到2050年前后

人均 GDP 水平赶上发达国家平均水平，跻身发达国家行列。与经济发展相适应，目前，我国举办着世界上最大规模的教育。2015 年我国在学总规模达到 3647 万人（其中普通高校本专科 2625 万人），位居世界第一。随着以提高质量为主题的教育现代化的加快推进，我们努力建设中国特色世界水平的现代教育，完全有理由相信，到 2030 年，我国将举办世界上最顶尖的教育，成为全球教育中心。

3. 从教育的贡献维度，教育现代化的战略目标建议是：成为国家发展的关键引擎

教育积极促进经济发展，教育的经济功能凸显，是现代社会和现代教育的重要特征。亚洲基础设施投资银行行长金立群指出，“关于如何提高劳动生产率，近年来理论界讨论很多。大家发现，一国在教育、科技研发、基础设施等领域的投入是促进创新、提高劳动生产率、推动产业转型升级并最终跨越‘中等收入陷阱’的‘金钥匙’”。当前，我国经济进入新常态，创新成为推动发展的第一动力，正如习近平总书记所指出：“要着力实施创新驱动发展战略，抓住了创新，就抓住了牵动经济社会发展全局的‘牛鼻子’。抓创新就是抓发展，谋创新就是谋未来。”创新的关键在科技，基础在教育，教育将通过培养创新型人才、提升自主创新能力，为创新发展提供不竭动力，必将成为推动国家发展的关键引擎。

二、关于战略路径

推进中国教育现代化建设以现代化的理念为先导，以现代化的

教育体系为核心，以现代化的教育治理为保障。

1. 要树立现代化教育理念

要树立全纳、公平、优质、终身、多样、共享、卓越的现代化教育理念。全纳的教育要求尊重学生的受教育权，全体公民不论其经济地位、种族、性别和宗教信仰都有机会不受限制地受到教育。公平的教育要求实现基本公共教育服务均等化，切实保障处境不利人群的受教育权，努力办好每一所学校，教好每一个学生。优质的教育要求使教育成为全体人民追求幸福生活的基本途径，不断地满足人民群众日益增长的物质、文化需求，促进人的全面发展。终身的教育要求形成体系完整、开放、布局合理、发展均衡的现代国民教育体系和终身教育体系，基本形成全民学习、终身学习的学习型社会。多样的教育要求建立健全多样化、多层次、终身学习型和开放式的教育。共享的教育强调按照“共同建设、共同享有”的原则，促进教育利益分配公平，使教育利益从国家垄断及一些社会阶层、群体和个体的共享、优惠，转化为全体人民“学有所教”的共享、普惠。卓越的教育要求教育的布局结构与经济、社会协调发展，同时提高教育对经济社会发展的贡献率。

2. 要构建现代化教育体系

构建完备的现代化教育体系是教育现代化发展的核心任务和主要目标。离开了为所有人提供可选择的学习机会、为所有人的一生发展提供支持的现代化教育体系，就不可能真正实现教育现代化。完备的现代化教育体系体现终身学习理念，凸显各级各类教育纵向衔接，学校与社会、家庭横向沟通，学历教育和非学历教育协同发展，学校和社会各类教育资源相互开放，全体人民学有所教、学有所成、学有所用。

3. 要推进教育治理体系现代化

推进教育良好的公共治理成为教育现代化发展的重要保障。推进良好的教育公共治理，必须正确处理政府、学校、社会和市场之间的关系，提高政府的教育公共服务能力，增强各级各类教育机构的办学活力，建立政府与各类社会组织分工协作、公民广泛参与的教育公共服务新机制，为人才培养和教育发展创造良好的体制环境。

三、关于战略步骤

按照我国“五年一小步，十年一个台阶”的经济社会发展特征，建议从现在到 2050 年，教育现代化采取“三步走”战略。

到 2020 年基本实现教育现代化。我国教育综合实力、服务发展能力、国际影响力明显提升，教育总体水平达到中高收入国家先进水平。

到 2030 年，实现教育现代化。建成教育强国和人力资源强国，建成学习型社会，教育总体发展水平达到世界主要发达国家平均水平。

到 2050 年，教育现代化达到世界一流水平。教育总体发展水平超过主要发达国家教育发展平均水平，教育现代化全球领先，走在教育强国和人力资源强国的前列，教育在国际社会的影响举足轻重。

经过半个多世纪的发展，教育总体发展水平超过主要发达国家教育发展平均水平，形成满足人民群众多样化学习需求的学习型社会，全面建成人力资源强国，为世界教育的发展做出更加突出的贡献，成为更加开放、更加具有亲和力、为人类文明做出更大贡献的国家。

四、关于战略任务

推进教育现代化，建议重点抓好质量、信息化和国际化等三大战略任务。

1. 以追求卓越为导向，推进教育优质化

优质教育是能够促进学生的全面发展、个性发展、自主发展和可持续发展的教育。推进教育优质化，一要加强社会主义核心价值观教育，实践立德的教育，形成全员、全过程、全方位育人的强大合力；二是深化教育教学改革，着力培养学生创意创新创业能力；三是提高教师队伍素质，加强乡村教师队伍建设，加强职业教育双师型教师队伍建设，建设一流高校师资队伍，用新理论、新知识、新技术更新教学内容；四是强化质量管理，全面构建具有中国特色的教育质量标准，完善教育质量保障体系，提升教育质量管理水平。

2. 以智慧教育为重点，推进教育信息化

教育信息化是教育应对信息化时代、加速推进教育现代化的重要战略选择。智慧教育是当代教育信息化的新境界、新诉求，充分体现了“以学习者为中心”的思想，强调学习是一个充满张力和平衡的过程，揭示了“教育要为学习者的智慧发展服务”的深刻内涵。推进智慧教育要以智慧学习环境为技术支撑，以智慧教学法为催化促导，以智慧学习为根本基石，把亲自动手的体验式学习、鼓励创新式学习的创客空间、电子书工作坊等实践和创造融入学校学习，使项目式学习、挑战性学习等方法成为学生学习的重要方式。

3. 以留学高地为目标，推进教育国际化

教育国际化，既是社会现代化的客观要求，也是教育实现自身现代化的一种有效手段。推进教育国际化，要坚持开放发展的理念，适应国家发展大势及党和国家工作大局，综合运用国际国内两种资源，坚持以我为主、兼容并蓄，双向交流、合作共赢。一是各级各类教育都要注重培养学生国际化的胸怀，增强学生通晓、把握国际专业前沿和国际规则及参与国际竞争的素养与能力。二是充分发挥“丝绸之路”中国政府奖学金等项目的示范引领作用，打造“留学中国”品牌。三是提升中外合作办学质量，完善评估认证办法，形成高效可靠的中外合作办学质量保障体系和监督合力。四是加强与港澳台学生、教师间交流合作，促进海峡两岸暨香港、澳门教育共同发展。

西部教育现代化中需注意的几个问题及对策

陈克恭

西北师范大学

【要点】“十二五”以来，西部教育在得到蓬勃发展的同时，有几个问题必须得到高度重视。一是普遍存在着待经济发展后再逐步解决教育问题的观念，“优先发展教育”的国策难以优先落实；二是就西部地理环境的特殊性对西部教育现代化特殊性的影响认识不充分，对“西部未来经济形态客观上要求教育供给侧改革”这一命题研究不够；三是师范教育在教育中的基础性作用发挥不充分，教育在精准扶贫中的基础性作用发挥不充分；四是西部人才流失问题依然严重。建议：一要转变经济发展水平决定教育发展水平的思维定式，“反弹琵琶”，使“优先发展教育”的国策得到优先落实；二要注重对西部未来经济形态的研究，充分考虑西部地理环境对西部教育现代化特殊性的决定作用，前瞻性地谋划教育供给侧改革；三要加大西部师范教育的建设力度，把教育政策与精准扶贫政策捆绑联动，从根本上阻断贫困代际传递；四要防止在“双一流”建设中出现新一轮的西部人才流失。

一、问题分析评价

1. 需要对“经济发展水平决定教育发展水平”这一认识进行反思

改革开放以来，我们一直秉持着通过优先发展经济去解决所有问题包括教育问题的发展理念。实践证明，过去 30 年虽然西部经济发展也取得了令世人瞩目的成就，但东西部差距不但未能得到有效遏制，而且仍有扩大的趋势，致使西部各级地方政府不同程度地都把注意力放在经济建设上，把财力集中在解决当下问题上，教育问题往往被“从长计议”，常常待经济发展后再去解决。比如，国家虽有生均拨款的刚性要求，但大多数地方政府都是年终将各类投入打包算总账，甚至将基本建设投入也计入其中，凑够生均拨款数。西部仍有相当一部分高校像企业一样负债运行，将用于培养学生的生均拨款拿来支付银行利息，个别学校支付银行利息的额度竟高达学费收入总额的 40%。面对企业债转股政策的实施，高校负债还息运行的现象让“优先发展教育”的国策颇为尴尬。因此，要从根本上转变经济发展水平决定教育发展水平的思维定式，“反弹琵琶”，更加突出教育的基础性、先导性和全局性地位，确定“优先发展教育反哺经济发展”的国策，以促进西部地区经济社会的可持续发展。甘肃会宁现象就是当地农民秉持着“宁肯穷一代，也要让孩子上好学”的朴素发展观，始终把教育放在首位，创造出了落后地区教育“状元”县的奇迹。

2. 要顺应西部地理环境的多样性、特殊性，依据西部未来经济形态，从供给侧改革方面调整教育结构，突出西部教育现代化的特色

现代化是一个顺应时代要求、符合地域实际、指向未来发展方向的进程，具有鲜明的阶段性特征和区域性特征。“天地位焉，万物育焉。”我国西高东低三大阶梯的地貌形态与经济发展水平的三个层级呈反比，但并不意味着环境质量、幸福指数也呈反比。西部地貌形态垂直分布的极大差异性，决定了西部民族的多样性，也决定了西部生产方式、生活方式及文化的多样性，使西部经济形态呈现出鲜明的“位育”特征和绿色属性。按照“创新、协调、绿色、开放、共享”的新发展理念来审视，这些属性恰恰是迎接未来绿色发展的比较优势和后发优势，“天人合一”的生态理念是创新发展、协调发展的支点，绿色资源是绿色发展、开放发展、共享发展的资本和亮点。比如，发挥西部特有的自然资源优势，借助蓝天白云、森林草原、山川河流、大漠戈壁、沙海绿洲、历史遗迹、文化遗产、民俗风情、民间艺术、户外竞技等，发展集文化娱乐、休闲度假、观光体验、身心陶冶为一体的现代服务业，是未来创业创新的经济增长点；发展融现代农业、有机食品、民族手工业加工等一二三产业为一体的新型复合型产业，是未来绿色加工业的发展方向。随着互联网和现代交通业的发展以及人们新时空观的确立，西部将

会成为脑力劳动者和高收入群体趋于选择的季节性宜居地和绿色生产地。因此，西部的教育现代化一定不能脱离西部特定的地理环境条件，要依据西部未来经济形态的需求，调整教育结构，深化教育供给侧改革，把地域特色、民族特色和文化多样性视为西部教育现代化的特色，充分体现在西部教育现代化的建设过程中，构建起多元一体的西部教育现代化体系，防止把地域特色视为落后，把传统文明与现代文明相对立，一把尺子量到底，搞“一刀切”。在国家“双一流”建设过程中，要把西部一些体现地域特色、民族特色和文化多样性的唯一学科和专业方向自然纳入“双一流”的建设目录中，以突出“双一流”建设中的中国特色。近几年，发达国家和我国东部地区一些人移居西南山区，就是未来现代化的一种表现。复旦大学与位于甘肃张掖的河西学院近几年合作的显著成果，也是顺应了这样一个客观规律。

3. 防止“双一流”建设过程中西部人才流失

过去，东部及沿海的一些高校利用国家财政资金并采取特殊政策包括不要人事档案、不要组织关系吸引人才，使得相当数量的西部优质师资“孔雀东南飞”，不但加剧了西部人才流失，也破坏了国家人事管理的基本规矩，给基层党组织建设带来了诸多困难。今天，建设“双一流”大学的主体大多仍集中在东部和沿海地区，在“双一流”建设过程中，一方面要防止“双一流”大学之间相互恶性竞争，抬高吸引优质师资的成本；另一方面要防止造成新一轮的西部人才流失。对此，既要发挥市场的基础性作用，又要发挥政府的管理作用，采取有效措施，借用生态补偿的办法，实施人才流失补偿政策，遏制西部人才流失加剧的趋势。

4. 师范教育在教育中的基础性作用发挥不充分，教育在精准

扶贫中的基础性作用发挥不充分

东西部教育的差距根本上是教师水平的差距，发展教育首先要发展好教师教育。一是政策倾斜不够，师范院校难以吸引招录优秀生源。二是培养出一大批符合习近平总书记提出的“四有”好老师本身是一个重大而艰巨的系统工程，绝不是考取了教师资格证就可以做教师，也不是有了知识就可以做教师，“如何教”本身是一门学问。三是少数民族地区和西部跨境民族双语师资极缺，服务国内民族团结以及服务“一带一路”近邻国家跨境民族互联互通和边境稳定的能力弱。西北师范大学针对新疆和藏区的双语教学及针对哈萨克斯坦、吉尔吉斯斯坦等国家的东干班留学生培养已积累了一些经验。四是“发展教育脱贫一批”在“五个一批”脱贫工程中的基础性作用发挥不充分，与其他四个一批的联动不够。“发展生产脱贫一批”的精准措施是将农民培训工程与职业教育捆绑实施，甘肃省张掖市近几年实施了 30 万农民工培训工程，在这方面已有非常成功的经验。“异地搬迁脱贫一批”的关键是拔穷根，而拔穷根最有效的办法是从娃娃抓起，将学前教育和义务教育相对集中，并与职业教育衔接捆绑，这样不仅能培养出现代职业劳动者，而且会促进新型城镇化建设，关键是可从根本上阻断贫困的代际传递，走出代代扶贫的周期循环，摆脱以往搬迁户总在新旧两地来回跑的局面。“生态补偿脱贫一批”仍是一个生态补偿后农民工的职业教育和转型发展生产的问题。“社会保障兜底一批”要用兜底资金发展特殊教育，用特殊教育助推残疾人事业，促进残障人士的福利就业。总之，教育在精准扶贫、精准脱贫方面大有作为，也是保证西部全面建成小康社会并实现可持续发展的根本之策。五是在以信息化促进教育精准扶贫上对“学”的问题关注不够，因而要用教育信息化的理念修订改编现行的课程与教学论，实现教育与信息化的深度融合，构建教育信息化背景下“现代课程与教学论”的新体系，并以此为指导，推动新教改工程，从源头上推进教育信息化。六是教育扶贫的绩效考核机制尚不健全，要总结完善已有的高等教育“对口支援”机制，对支援方提出具体的刚性要求，要将被支援方的绩效纳入支援方的绩效考核中，强化支援方的责任意识，调动支援方的积极性和主动性。

二、对策建议

“反弹琵琶”，确立“优先发展教育反哺经济发展”的国策，建立“党管教育、人大督学、政府办学、学校教学、社会助学”的重教兴学新机制，强化各级党委、人大、政府和学校各自的主体责任，突出刚性约束，确保“优先发展教育”的国策在西部得到优先落实，促进西部地区经济社会的可持续发展。

按照“五大发展”新理念，着眼西部未来经济发展形态，突出西部教育现代化中的地域特色、民族特色和文化多样性，推进教育供给侧改革，绝不能用所谓现代化的统一标准搞“一刀切”。把反映西部地域特色、民族特色和文化多样性的唯一学科自然纳入“双一流”建设规划中，使教育供给满足西部未来经济社会发展需求。

把培养“四有”好老师作为振兴教育的根本之策，在西部各省重点支持办好一所师范院校，实施师范生免费教育，免考教师资格证，吸引更多优秀生源报考师范院校，从源头上提高教师队伍水平。教育信息化首先要从师范院校抓起，实施教育信息化背景下的教改工程。要把双语教学作为西部师范教育的特色和使命纳入国家战略，予以特殊政策支持。要把教育扶贫贯穿联动于“五个一批”扶贫工程中统筹考虑，使西部教育现代化不但要为第一个一百年的奋斗目标服务，也要为第二个一百年的奋斗目标服务。

在“双一流”建设中，要对人才由中西部向东南沿海流动给予流失补偿，由东南沿海向中西部流动的给予流动奖励，实现补偿资金与奖励资金的动态平衡，保证人才流动合理有序，对违反规定的学校要追究责任，严肃处理，以儆效尤。

应重视和体现教育法治对于实现教育现代化的统领和保障作用

秦惠民

中国人民大学

【要点】 习总书记在中央全面深化改革领导小组第二次会议上指出，“凡属重大改革都要于法有据……确保在法治轨道上推进改革”，阐述了改革与法治的辩证关系，为全面深化教育综合改革指明了方向和路径。改革开放近40年来，我国教育法制建设成绩巨大，已初步形成教育法律体系，教育工作逐步踏上规范化、法治化的轨道。随着教育改革与发展过程中各种新问题、新现象和新困难的不断出现，教育现代化的推进进入了瓶颈期、关键期和攻坚期。教育问题的阶段性、公共性和社会性，反映了社会发展中深层次的矛盾与诉求，教育问题的解决往往关系改革发展全局的方方面面，许多问题一时无解。然而，作为治国理政的基本方式，法治是解决问题的路径和钥匙，教育法治建设对实现教育现代化具有统领和保障作用。

教育现代化是一个国家教育发展水平的较高状态，而教育法治的现代化关乎教育现代化政策目标的实现。面向2030年的教育现代化对教育法治现状提出了前所未有的挑战，不能完全适应教育现代化的步伐和要求已成为当前中国教育法治状态的主要问题。例如，管控型的价值理念已不能适应教育观念现代化的基本要求；传统的立法方式亟须改进，现有立法不能适应现代教育的新动向、新类型和新形式；教育执法能力的创新还不能适应教育治理水平的提高；现有纠纷解决机制难以满足权利救济的及时、有效和多元需求等。为此，我们需要结合国际经验与中国实践，规范教育外部运行与内部调节机制，兼顾顶层制度设计与权利主体诉求，推进中国教育法治现代化及教育治理体系和治理能力的现代化。中国教育法律体系的现代化建设一方面要以促进“人的全面自由发展”为宗旨和原则，服务于教育现代化和教育治理能力的提升；另一方面也要回应民众对秩序的需求、对公正的渴望，理性回应其利益主张和权利诉求，解决人民群众最关心、最切实的利益问题。

一、中国教育法治面临的主要问题及原因

（一）立法的内容、速度、质量和方式无法适应现代教育的发展诉求

1. 教育立法内容存在空白，立法修法速度和质量跟不上教育改革与发展的需要

首先，面对新的问题和挑战，已有教育法的相关规定“捉襟见肘”。我国至今没有学前教育法、中等教育法、考试法、终身学习法和家庭教育法等重要法律，许多问题和纠纷处于无法可依的窘境，例如，“黑幼儿园”依然大量存在，“孟母堂案”“南京就近入学案”“夺命校车”等校园安全事故频发却无法明确学校的主体责任，民办教育分类管理的规定不明确使得民间教育举办者踟蹰不前，教育国际化办学纠纷无法可依，等等。其次，立法速度和质量亟待提高，例如《学位条例》颁布至今三十多年没有进行过实质性的修改；同时，教育立法缺乏法律责任体系，倡导性规范过多，使得法律缺乏明确性和可诉性，从而大大降低了教育法律的权威性。其主要原因一方面是教育法律与政策的边界缺少界定，教育法律的政策化倾向明显，法律的稳定性与政策的灵活性之间失衡；另一方面是目前教育立法主要是中央立法，囿于法律的全国通用性，不得不做出原则性规定，很多规定难以细化和具体化。

2. 传统立法方式不适应教育现代化的要求

这主要表现为两个方面：首先，传统的部门立法模式极易产生“国家利益部门化，部门利益团体化”的倾向，这种现象的主要原

因是我国目前的立法模式很难使人大充分发挥其立法、修法和释法职能。目前，教育法律的生成模式主要是人大授权国务院，国务院转授权教育主管部门，教育主管部门再责成相关司处具体负责文件的起草。现行教育法律当中，只有《民办教育促进法》和《国家通用语言文字法》是全国人大教科文卫委员会起草的。同时，我国立法缺乏对抗性机制，法制工作部门往往要求各部门之间达成一致才能推进立法，这样为了权衡各方面的利益，往往被迫妥协或搁置利益冲突。如此，必然会导致教育立法的部门化及立法效率和质量的降低。因此，加强人大的立法释法职能和部门协调功能，有利于实现科学和民主立法，有利于提高教育立法的效率和质量。其次，中国目前自上而下的立法模式存在很多弊端。一是国家层面的立法受各种原因制约。原则性较强，缺乏操作性；二是面对各行各业巨大的立法需求，全国人大及国务院分配给教育方面的立法机会和资源远远满足不了教育立法工作的需要。

（二）教育执法能力的创新还不能适应教育治理水平的提高

徒法不能以自行。教育执法是“依法治教”的重大实践问题，是推进教育治理体系和治理能力现代化的重要环节。教育执法可以使教育法从文本规定转变为实际行动，从“法定权利”变为“实有权利”，使教育秩序从静态设计转化为动态建构。目前，我国多数地区并没有实质性的教育执法机制，教育法的实施流于形式，教育法治的作用难以体现；同时，教育执法还存在着权责交叉、多头执法、执法方式单一、执法工作的特殊性没有受到应有重视等问题。因此，为了充分发挥教育法治的作用，教育执法方式必须创新，教育执法能力应该加强。

（三）现有纠纷解决机制难以满足权利救济的及时、有效和多元需求

社会转型带来的冲突和矛盾不可避免，问题的关键在于我们运用何种方式或方式的组合来解决矛盾和纠纷。司法作为定纷止争的有效工具，是保障人民权利和实现社会正义的最后屏障。教育司法是教育法治得以启动的重要方式，通过对权利诉求的有效回应使教育法律走进实际社会生活而实现动态应用，一个正面的示范性案例所起的效用往往是灌输性的法制宣传所无法比拟的。当前呈现的教育纠纷涉及多元主体，且性质与形式多样。例如，学校与政府间办学自主权纠纷、学校与教师间的人事纠纷、学校与学生间的学籍纠纷、教师与学生间的惩戒纠纷以及学校与校外主体间形成的民事纠纷等。目前我国教育纠纷解决机制主要存在以下问题。

1. 司法审查在克制与能动之间陷入两难境地

教育纠纷中涉及专业评价和学术性问题的解决，呼唤专业裁量，要求司法审查等外部纠纷解决机制保持谦抑、尊让和节制。但由于存在大量的学校内部治理水平差异和正当程序方面的问题，司法的过度克制又往往导致师生权益无法获得必要和及时的救济与保障，难以纠正学术评价和学校惩戒的恣意妄为。

2. 诉讼的救济方式被过度使用

由于校内申诉、教育仲裁等机制的运行乏力，教育纠纷缺乏疏解的有效渠道，使得本应作为最终救济途径的司法救济成为一些教育纠纷的首选。造成这种现象的另一原因，是随着个体法治意识的增强，通过诉讼进行权利救济虽然被广泛了解和使用，但对理性地对待司法及其救济作用的认识存在偏差。

3. 缺乏多元化的纠纷解决机制

教育纠纷应当至少有三种救济渠道：学校内部救济，如申诉；教育行政部门与其他机构救济，如行政复议和教育仲裁；司法救济。但是目前我国缺乏完善有效的学校内部救济制度，对替代性纠纷解决机制的探索也十分欠缺。

二、推进教育法治现代化的对策建议

（一）完善社会主义教育法律体系

加快制定颁布学前教育法、终身学习法、家庭教育法、国家教育考试条例、学校安全条例，加快修订《残疾人教育条例》《教师法》《学位条例》《民办教育促进法》《职业教育法》等已有法律。

回归人大立法、释法职能。建议启动全国人大专门委员会和常务委员会的立法提案权，加快教育立法进程。建议考虑由全国人大教科文卫委员会、全国人大法律委员会、全国人大常委会法制工作委员会等专业机构来主导或牵头，或者专门成立由教育专家和法律专家主导、其他利益相关者广泛参与的教育立法起草小组，超越部门利益，实现平衡与统筹。

协调中央立法与地方立法。建议适当赋予和扩大地方教育立法权限，充分发挥地方的立法作用。

建立明确有力的教育法律责任体系，增加强制性、禁止性规范。重视立法技术的现代化。

（二）创新教育执法机制

探索完善联合执法等新型多样的执法方式。建议建立执法协调机构，将原有交叉分散的执法权集中于某一独立行政机关，由其布局协调。建议将联合执法区分为行政机关之间的执法与行政机关和非行政机关间的执法两种类型，分类完善有关法律规范，明确各个机关、组织间的职能，清楚界定内部机构之间的分工。

创新执法方式，采用“刚柔并济”的教育行政执法方式，逐步探索和运用行政合同、行政调解、行政指导、行政奖励等柔性执法方式，促进教育管理方式的创新和优化。

促进教育执法与治理相结合，多举措破解执行难的问题。建议提高处理此类问题的行政执法级别，如学校所在地的县级以上人民政府；加强与法院的制度衔接；强化法院的强制执行权。建议加强对教育违法人员的信用档案建设，与社会信用信息库挂钩。

（三）尊重教育规律，完善教育纠纷解决机制

完善校内申诉制度，健全专业评价领域纠纷的自主调解机制，增强教育行政复议制度的有效性，厘清教育诉讼与其他纠纷解决机制的衔接关系；建议合理设置教育纠纷解决的诉讼前置程序；充分考虑教育纠纷的特殊性、复杂性与专业性，理性审视教育诉讼的受案范围与审查强度。一些涉及学术评价专业事项的教育纠纷，应考虑通过专业裁量、调解、仲裁等方式解决，司法介入应尽量保持节制。

进一步培育法治理念，养成法治精神和守法习惯；培养契约精神，养成规则意识和诚信品格，理性对待教育诉讼。

教育管办评分离改革中的问题与对策

应望江

上海财经大学

【要点】构建教育公共治理新格局是教育现代化的重要制度保障。目前，我国教育管办评分离改革正在大力推进之中。此项改革呈现出整体认同但在认识上存在偏差、改革得到全面推进但程度上存在不平衡、改革试点的实践丰富但未形成可复制、可推广的案例等阶段性特征，并存在顶层设计还缺乏落实方案、缺乏有效的抓手和突破口、学校这一主体的主观能动性有待进一步发挥、政府教育管理职能尚未实现有效转变、学校自主发展和自我约束机制尚不健全、社会参与教育治理和评价还不充分等问题。在公共治理理念下，需要进一步做好改革的顶层设计，以职能梳理和权责清单编制为抓手夯实改革基础，以实施综合预算管理为管办评分离改革的突破口，坚持分类指导，给予改革先行学校更大办学自主权，引入多元化社会力量参与教育公共治理和评估，适时启动对改革试点项目的第三方评估工作。

随着教育体制改革的不断深入，管办评分离作为教育治理改革的关键环节，其重要性和迫切性日益凸显。2015 年 5 月，教育部发布《教育部关于深入推进教育管办评分离　促进政府职能转变的若干意见》（以下简称《意见》），明确了管办评分离的改革任务。9 月，教育部确定 12 家单位为教育管办评分离改革试点单位，并提出了具体的试点任务。课题组对上述试点单位的改革进展情况进行了重点调查，发现仍存在一些亟待解决的问题。在教育公共治理的理念下，应采取有效措施切实推进此项改革。

一、现阶段教育管办评分离改革的特征

1. 改革获得整体认同但在认识上存在偏差

受访的单位均表示此项改革非常有必要，均表示赞同和支持此项改革，但在如何推进改革上存在认识偏差。有的认为既然是分离，就要明确到底什么是分离以及如何分离，比如举办权和管理权、举办权和办学权、管理权和办学权、管理权和评价权等之间到底怎么分离；有的则对政府将权力下放后学校能否用好相应的权力，以及目前社会信用环境下社会参与教育评价能否保证公正性、客观性表示疑虑。

2. 改革得到全面推进但程度上存在不平衡

据调查，各个试点单位均不同程度地组织开展了改革试点，但改革力度和成效参差不齐。比较而言，上海市推进情况较为系统有序。该市重视改革的整体设计，专门就试点工作制定了具体工作方案，既从理论研究层面设置了综合性课题，也从实践探索方面明确了推进任务；既明确了各级政府部门的工作任务，也明确了各试点学校的具体任务。目前该市已形成了“1+2+5+5”的试点推进工作布局，一是在市级层面统筹推进，明确市级层面七个方面的试点内容；二是委托 2 个研究团队，同步开展教育管办评分离的理论研究；三是委托 5 所不同类别的学校，重点开展府学关系探索、学校治理机制完善、开放协同的办学机制构建的试点；四是委托 5 个区县教育部门，探索进一步转变政府管理方式、促进教育公平发展、提升办学质量、鼓励社会参与的实践路径。

3. 改革试点的实践成果丰富但未形成可复制、可推广的案例

新制度模式的复制推广需要解决的重要问题是：一是分析管办评分离改革的制度创新成果，哪些可以复制到相关地区，哪些可以复制到全国各个地区；二是分析复制推广条件下的预期效应和潜在风险，识别在复制、推广过程中可能出现的新情况、新问题；三是设计和提供改革事项复制推广的路径安排，关注可能出现的问题。总体而言，12 家试点单位和其他非试点单位对管办评分离开展了若干创新探索，取得了阶段性的实践成果。例如：北京市东城区教委成立区教育咨询专家顾问团和东城区教育学术委员会，探索区域、学区、学校三轴联动的三位一体治理结构；上海市教委探索建立高校二维分类管理体系，引导高校由“一列纵队”变为“多列纵队”，鼓励每所高校准确定位，在各自领域争创一流；成都市成

华区探索建立“校长职级评定、职级绩效工资、任期交流、优秀校长延期退职”等制度；成都市天府新区按学科分类成立22个“教育4D（开发、发展、提升、引领）工作室”，实行总监负责制；青岛市教育局探索名校办分校、集团化办学、委托管理、高校或科研院所辐射中小学、公办、民办学校混合制办学等办学模式改革，重点推进学区制管理、优质中小学跨区域合作办学，依托中国海洋大学成立青岛市教育评估与质量监测中心；陕西省探索依托教育社团成立三个教育评价组织，培育第三方评价机构；浙江省成立教育评估院，引入第三方力量，对全省高校毕业生就业质量进行跟踪调查和评价，并向社会发布；重庆市探索官方评估、半官方评估、非官方评估三类教育评估。但由于教育管办评分离改革是一个较为复杂的系统工程，涉及面广，尚处在起步阶段，试点单位的效果还有待时间和实践的检验，还没有通过客观评估，形成可复制、可推广的案例。

二、推进教育管办评分离改革的主要难点

（一）从改革试点情况看

1. 顶层设计还缺乏落实方案

作为改革的顶层设计，《意见》提出了指导思想和基本原则，并提出了17个方面的改革任务和20项政策创新点。但推进工作的路线图和时间表尚不清晰，要让《意见》落地，既需要加强宏观指导，也需要因地制宜，由各地根据自身实际创造性地做好进一步的制度创新，以解决本地本校实际面临的问题为落脚点，将措施具体

化、可操作化。

2. 缺乏有效的抓手和突破口

目前已有细化方案的地区均以贯彻落实教育部的《意见》为主旨，将主要改革任务和政策创新点分解到各个委托试点单位，但没有明确哪些是先导性改革，哪些是后续性改革，改革从哪里起步，需要哪些配套措施。较为突出的问题是缺乏既能调动基层积极性又能有效推进整体改革的突破口。

3. 学校这一主体的主观能动性有待进一步发挥

从政府、学校和社会三个主体看，政府是教育管办评分离改革的第一推动者，不仅负责改革的顶层设计，确定试点单位，而且在取消行政审批事项、成立教育咨询委员会、推进学校章程建设、推进学校学术委员会和理事会建设方面推出了一系列重要举措，但作为改革的受益者，学校这一主体的改革主观能动性有待进一步调动和发挥。如有的学校对以章程为核心的学校制度建设重视程度不够，有的学校制定了章程，但并未真正按章程办学，实施情况并不如人意。学校对落实和扩大办学自主权都存有期待，关注点不尽相同，但存在一旦放权后却又无所适从的现象。如一方面希望取消官方性质的学科评估，但另一方面，都认为其具有权威性，第三轮学科评估后，各校都在等待第四轮学科评估方案出台，随时做好参评准备；又如国务院出台“双一流”方案后，各校仍习惯性地等待实施方案；再如，取消全国优秀博士学位论文评选后，各校同样一时难以适应，纷纷猜测以后会用何种方式替换或由哪个机构来实施评选。脱离政府的直接管理后，学校如何自我发展、养成能力还需要时间。

（二）从管办评主体看

1. 政府教育管理职能尚未实现有效转变

教育治理体系还在较大程度上受行政化的束缚，需要进一步加大向法治政府和服务政府转变的步伐。其特征为：主体角色多元化，管理方式行政化，管理手段直接化，管理重心过程化，管理视角微观化和单向化，在一定程度上还存在管理越位和缺位现象。

2. 学校自主发展、自我约束机制尚不健全

一是学校办学自主权仍需进一步落实和扩大，自主发展、自主管理、自我约束的能力有待增强；二是学校内部治理结构有待完善，行政权力与学术权力的关系有待进一步厘清，学术委员会、教代会、理事会、中小学家长委员会等的作用还有较大发挥空间；三是校务公开的主动性和信息透明度有待加强，师生员工、社会公众对学校重大事项、重要制度的知情权有待进一步行使，民主监督作用有待充分发挥。

3. 社会参与教育治理和评价还不充分

社会组织发育稚弱，官办色彩浓厚，缺乏作为合作治理主体的独立性、自主性和专业性。教育评价本身存在行政性评价多、专业性评价少，结果性评价多、跟踪性评价少，规范性评价多、诊断性评价少的问题，社会机构的教育评价缺少一定的公信力，等等。

三、进一步推进教育管办评分离改革的对策建议

1. 进一步做好改革的顶层设计

教育管办评分离改革是一个先试验、后总结、再推广，从而实

现不断创新和积累的过程。建议对面向2020年的17项改革任务和20项政策创新点，进一步明确时间表和路线图，先易后难，分步推进。同时，作为一项艰巨的系统工程，需要进一步做好前瞻性的顶层设计。建议面向2030年教育治理现代化的时间节点要求实施“三步走”战略，在“2020年基本形成教育公共治理新格局”的基础上，进一步延展设计，按照“2025年优化完善教育公共治理新格局”和“2030年全面实现教育公共治理新格局”的战略目标，分阶段设计教育管办评分离改革的实施路径和任务。

2. 以职能梳理和权责清单编制为抓手夯实改革基础

职能梳理是编制权责清单、实现政府职能转变和管理方式创新的基础。通过梳理政府、学校和社会相关机构的职能，编制各自的权责清单，合理划分政府与社会、学校的权责，促使政府回到应然的角色，即建设法治政府和服务型政府，变政府对学校的单边管理为政府、社会共同参与的多边管理和共同治理。

3. 以实施综合预算管理为教育管办评分离改革的突破口

选择在有条件的学校先行试点，允许其在综合预算架构内统筹使用各类经费。在此基础上，试点学校可以在提升内部治理能力、提高学校整体办学水平的同时，探索和行使办学自主权，探索建立新型的学校、政府和社会共同治理的模式。建议探索建立综合预算拨款机制，将专项经费逐步转为常态化经费，提高日常性经费占拨款总额的比例，建立稳定投入机制。建议综合考虑办学层次、办学成本、地区差异等因素，探索财政拨款方式由过分倚重规模的配置模式向规模、质量与绩效并重的配置模式转变，鼓励学校办出特色、办出水平，通过质量竞争来获得更多的经费支持。

4. 坚持分类指导，给予改革先行学校更大办学自主权

建议加快探索对学校实行“负面清单”的管理方式，同时完善监督制约机制，做好事中、事后监管。分阶段、分类别逐渐缩短清单，稳步扩大学校的办学自主权。逐步实现政府管理重心下移、资源配置到底，激发和释放基层单位的办学活力。

5. 引入多元化社会力量参与教育公共治理和评估

一是选择部分公办学校开展股份制转型试点，近期可先让部分行业特色学校和职业学校向社会开放，允许有资质的组织参与合作办学；二是引导学校利益相关者介入办学评价，尤其是学校举办者、学生家长、雇主代表、重要捐赠者均应参与到学校评价中来；三是在大力培育专业化的第三方教育评估机构的同时，积极引导和组织行业协会、专业学会、基金会等各类社会组织参与教育评价。

6. 适时启动对改革试点项目的第三方评估工作

建议通过招标或委托方式，尽快组织专业机构（团队），开展教育管办评分离改革试点项目的第三方评估工作，对各试点单位在探索实践中所形成的经验及时进行总结提炼，通过可行性分析论证，并经国家教育体制改革领导小组办公室组织评估后，上升为制度安排，形成可复制、可推广的案例，分批向全国推广。

当前学区化办学存在的问题及建议

郅庭瑾

华东师范大学

【要点】学区化办学是扩大优质教育资源覆盖面、促进区域教育均衡发展的重要治理举措。目前学区化办学还存在自主权不足、资源共享实效不高、校际文化冲突、评价体系不健全等问题。提高学区运行实效，应合理划分学区，综合考虑教育资源结构、地理位置等因素，借鉴4C原则组建学区；要强化区县政府责任，构建学区良好运行的体制机制；要突出学区品牌，集聚优势特色，凝练学区共同的精神文化；要建立捆绑式、一体化的学区评价体系，将学区和学校发展评价相结合，同时把学生、家长和社会满意度作为检验学区化办学成效的重要标尺。

学区化办学作为一种促进区域教育均衡发展的治理方式，将地理位置相近的若干所基础教育阶段学校组成一个学区，通过内部统筹管理、校际协作和资源共享，不断扩大优质教育资源覆盖面，实现区域办学水平和教育质量的整体提升。学区化办学在突破校际壁垒、整合优质资源、促进区域教育均衡发展方面取得了不少成效，但在实践中也存在一些问题，主要表现在以下几个方面。

一、当前学区化办学存在的主要问题

1. 学区职能不清，管理权限不实

作为介于区教育局与学校之间的一层管理机构，学区自身的教育管理权限十分有限。如上海市相关文件中将学区的性质表述为“办学联合体”，其组织管理、人事调配、支撑保障、督导考核等工作主要由区县教育局负责。学区的权限范围集中在统筹配置成员校资源、组织联合活动等统筹权、组织权方面，而在人事编制、经费使用等方面并没有独立的决定权和分配权，仍然受上级教育行政部门限制。没有管理控制实权的学区，容易被“架空”，不利于内部各项工作的开展。这源于学区自身职能界定不清，学区自身的组织性质未能明晰，尤其是关于独立自主权、权限职责等都较为笼统和模糊。

2. 教育资源共享实效有待提高

学区的形成通常并非由教育内生需求驱动，而是靠行政力量自上而下强制推动，这就使得学区从产生之时就缺乏先天动力和积极性，成员校固守一方资源的思想观念仍然存在。学区内部的优质资

源库在规模上确实扩大了各校的资源容量，但在实际运行中容易成为静态的资源存放库。实验室、运动场地等硬件资源的共享有着较为细致的规章制度，可操作性强，而教师等人力资源的交流和交换则存在较大障碍。如何让各校都能派出优秀教师相互交流，如何安排交流教师的任教年级和学科，促使效益最大化，都是极为现实的问题。即使是在资源顺利共享的情况下，也普遍存在着资源利用率低、资源单向流动等问题。

3. 校际文化冲突和名校情结制约

学区内部各校发展历史、校园文化、办学理念不尽相同，这种差异降低了成员校的凝聚力，影响了学区的稳定性。过分强调竞争的制度环境给成员校教师之间实现真诚、有效、全方位的合作带来一定挑战。同时，社会观念和家长心目中根深蒂固的名校情结也影响着学区发展。尽管国家已明令禁止举办重点学校，但受以往政策的影响，一些所谓的传统历史名校的教学质量明显优于其他学校是一个不容回避的客观事实。校际长期存在不均衡发展，导致家长和社会对“名校”具有信任感，对薄弱学校则缺乏认同。这给优质校与薄弱校之间教育资源的交流带来一定阻力，也使得学区联合体中薄弱学校的发展仍难以得到社会的认可和支持。

4. 缺少专门的评价体系

学区化办学的效果需要科学合理的评价，但目前还没有一套完整的针对学区的评价体系。实践中仍然以单个学校作为评价对象，缺少学区层面的评价标准。资源共享实现程度、校际差异改善状况等能够反映学区化办学成效的内容在现有评价体系中难以得到体现，针对学区整体运行效果的专门性评价体系亟待建立。造成这一现象的可能原因在于教育效果存在滞后性，使得很难在短时间内对学区的成效做出全面评价，导致相关的评价机制难以建立。

二、完善学区化办学的对策建议

1. 科学合理设定学区以提高运行实效

学区的组建需要因地制宜，综合考虑教育资源结构、地理位置等因素，强行将相距较近的学校划为一个学区，效果很可能适得其反。在组建学区之前，要详细分析每所学校的学生学业成就、地理人口特征、交通条件和教育成本等因素，寻求各因素之间的平衡，提高学区成员校之间的协作效果。联盟伙伴的选择原则可归纳为4C原则：兼容（compatibility）原则指相互之间知识体系、文化背景具有一定兼容性，能够相互尊重，共同解决冲突；能力（capability）原则指彼此之间的能力要对等，合作者必须有一定能力，合作才有价值；承诺（commitment）原则指只有成员都愿意向联盟投入时间、精力和资源，联盟才能应付多变的市场条件；互补（complementary）原则指只有彼此的资源、能力具有互补性，才能有效增强联盟的力量，使联盟获得长足的发展。组建学区也应参考这些原则选择成员校，保证学区组织稳定和运行顺畅。同时，要结合各校特点，创建共同的学区文化促进校际沟通和协同，形成与学区相适应的新型学习型组织文化。学校管理者和教职员工也应以更加开放的心态悦纳学区这一新兴组织形态。

2. 在区县政府引导下完善体制机制建设

学区需要建立管理运行、资源分配、权责关系、奖励惩罚等方面的各项规章制度，并以强力监督执行，为学区内部关系的处理和运作提供指导，同时改变学区松散的组织方式。

教育产品的性质决定了政府应在教育资源的配置中起基础性作用。作为学区的主管方和校际均衡发展的义务主体，区县政府应该研究采取一定措施，保持政策的持续性和稳定性，完善学区相关的配套措施，为各方营造积极宽松的环境。如建立专门的领导小组协调学区内各校的关系，组织协商学区内资源共享的内容和方式，定期调研以监督学区化办学的实施情况，对学区内各校的表现及总体成效进行考核等。为促进优质师资柔性流动等学区核心工作的进行，政府应出台相应的鼓励措施提高各校的积极性，如在职称评定、业务奖励等方面对表现突出的学校给予一定的政策倾斜。在制度完善的环境中，各校要摒弃资源独占的想法，树立学区资源共享的观念。学区内部可以联合招聘教职人员，再根据各校情况合理分配。要根据各校需求合理优化师资结构，才更有利于优质师资合力的发挥。同时，学区作为一种校际联盟，其组织运行有着行政和教育的双重机制，除了遵从行政命令，还要按照教育规律建立科学的管理体系保障其运行。不同治理主体及利益相关者的权责应予以明确，并形成有效的相互制衡关系，提高学区管理效能。教育行政机构负责基建、经费等保障教育发展的条件；学区负责统筹区域内学校的优质资源；学校发挥教学自主权以提升教育教学质量；社区发挥咨询、建议和监督等功能。

3. 打造学区品牌以集聚优势资源

学区品牌是一种独一无二的身份识别，是教学质量、科研水平、管理能力、服务水准、教师配置、学生素质等教育教学各方面的总和。它是一种无形资产，能够为学区各校带来实质性的附加值，包括对优质师资和优质生源的吸引力。学区应依托各校的教育优势，形成整体的品牌效应和磁场效应。对外应树立统一的学区品牌，打造优质教育的聚集区。对内应尊重各校的特色发展，优质但不同质。密切成员校之间的关系，使之服从统一的领导，通过沟通协调机制形成一个整体，在共享资源的同时保持各自的独立性。在学区品牌的构建中，要依靠但不依赖优质学校。通过学区品牌的创建和优化，能够更容易地吸引社会组织的加入及其经费的支持。发挥品牌的集聚效应，扩大学区影响，吸引社会资源对整个学区的投入。要凝练学区共同的精神与文化要素，在学区内部形成彼此信任的氛围，逐渐产生共同的发展愿景及认同感。在此基础上，学区各方协同互动，通过各校管理人员、教学人员等知识创新、创造主体的深入合作与交流，产生系统叠加的正向集聚效应。

4. 建立一体化专门性评价体系

建立捆绑式、一体化的学区评价方式，将学区与学校的发展相结合，是今后学区评价的方向。在资源共享评价方面，可以根据资源稀缺程度、共享难易程度等，为学区内各类资源设置不同权重，科学统计资源共享量。还可以借助信息化管理平台建立积分机制，根据积分规则对教师、学校、学区进行积分排名。教育行政部门根据资源共享量、积分排名以及共享效果等对学校参与学区活动的情况进行评价。在学生表现评价方面，学区内可建立起统一监测学生综合素质发展的机制，在命题、阅卷、分析、评价、诊断方面做到学区统一，对学区联合测试成绩进行质量分析，对各校各学科的成绩进行横向比对，根据联合测试的结果对各校教育教学工作进行针对性的改进，并在教育资源的统筹配置上考虑各校的优劣势。在评价主体方面，应注重引入第三方评估机构进行绩效评价，将学生、家长与社会满意度作为检验学区化办学成效的重要标尺。这样不仅有利于完善学区的内部治理机制，而且通过不同利益相关者之间的协调、平衡和取舍，营造更有利于学区发展的外部环境。

推进教育公平对策研究

褚宏启

北京教育科学研究院

【要点】教育公平包括平等性公平、差异性公平和补偿性公平。改革开放以来尤其是进入21世纪以来，我国三类教育公平状况大有改进，但是，面对国际国内经济社会发展的新挑战，我国的教育公平政策依然存在结构性、战略性缺陷，亟待改进和完善。我国教育公平推进过程中存在的主要问题表现为异地中考、高考改革不到位，教师数量不足与配置不均衡，英才教育被漠视，教育扶贫脱贫欠精准，存在教育外部的制度瓶颈等。面向2030年，推进教育公平，需要在以下几个方面予以突破：深化异地中高考改革，保障农民工子女在城镇地区的高中教育、高等教育的机会均等；重点解决城镇化进程中城镇教师缺编和农村教师质量问题，夯实教育平等性公平的人力资源基础；完善教育的差异性公平政策，推进英才教育，培养高水平创新人才；提高教育扶贫脱贫精准度，更好地发挥补偿性公平政策的效力；加大教育外部的制度改革力度，协同推进教育公平。

公平不同于平等。教育平等是一种量的特性，是对一种客观的教育资源分配结果或分配状态的描述，是指资源分配的结果是“均等”“一样”的，是一种事实判断，但并不回答是否“合理”。教育公平是一种质的特性，是对分配结果是否合理的价值判断，公平的本质是合理性。也就是说，有时候平等（均等、一样）是公平的，有时候不平等（不均等、不一样）也是公平的。关键看是否合理。

教育公平分为三种：平等性公平、差异性公平和补偿性公平。平等性公平包括受教育权平等和教育机会平等两个方面。差异性公平要求教育资源配置根据“受教育者个人身心差异”区别对待（如对残疾儿童和英才学生）。补偿性公平关注受教育者的社会经济处境的差距，并对社会经济处境不利的受教育者在教育资源配置上予以补偿。

进入21世纪以来，我国大力推进教育公平，在“三类教育公平”方面均制定了一系列政策，我国教育公平状况大有改进。但是，面对国际国内经济社会发展的新挑战，我国的教育公平政策依然存在结构性、战略性缺陷，亟待改进和完善。

一、教育公平推进过程中存在的主要问题

1. 异地中考、高考改革不到位

受教育机会不公平问题存在于各级各类教育中，当前，最为急迫、甚至影响社会稳定的问题是异地中考、高考问题。该问题关注的是农民工随迁子女“有学上”的问题，属于“平等性公平”中的“教育机会均等”问题。各省份的异地中考、高考政策存在的主要问题，是对于报考资格所设置的“门槛过高”，表现在或明或暗、或直接或间接与户籍挂钩。流入地政府具有强烈的地方保护主义动机，深度推进异地中考、高考的动力不足。

2. 教师数量不足与配置不均衡

区域间、校际教育公平的关键制约因素是教师均衡配置问题。当前，从全国范围看，不论是城镇地区还是农村地区，都存在教师缺编问题。城镇化快速发展，城镇学校生源不断膨胀，直接导致城镇学校教师缺编，不少城镇学校遂招聘临时“代课教师”以应急需。伴随城镇化进程，农村学龄人口减少，部分农村学校教师的绝对数量出现富余，但又出现教师结构性缺编的现象。另外，随着农村义务教育布局调整的逐步规范，农村小规模学校数量有所回升，小规模学校教师数量不足问题比较突出。近十年来推行的城乡教师交流政策，难以解决城乡教师“总量缺编”问题。除教师数量问题和结构问题外，教师配置在城乡间、区域间、学校间严重不均衡。另外，师资质量也需要提升。与20世纪八九十年代相比，师范类院校的师范类专业的生源质量显著下降，加上职前培养、职后培训

的不足，教师的整体素质亟待提升。

3. 英才教育被漠视

在推进差异性公平方面，我国教育公平政策存在严重短板，对于残疾儿童教育比较重视，而对于英才儿童教育则非常忽视，这两类针对特殊儿童的特殊教育存在严重的不平衡。我国的英才儿童教育严重滞后于美国、英国、韩国等国家，对于推进“国家创新驱动战略”贡献严重不足，亟待改进。人们往往认为满足残疾儿童的特殊教育需求是公平合理的，而满足英才儿童的特殊教育需求则是违反公平合理原则的。这种看法在逻辑上是自相矛盾的。因材施教是尊重教育规律的基本表现。好的教育是适合学生需要的差异性的教育，真正的教育公平不排斥卓越。

4. 教育扶贫脱贫欠精准

教育扶贫脱贫属于典型的“补偿性公平”的范畴。当前教育扶贫脱贫工作存在的突出问题是精准度不高，具体表现在：第一，对于贫困户贫困生的识别不够精准。识别标准不够明确，识别过程存在不严、不实、不细等问题。第二，教育扶贫方式不够精准，相对单一和粗放，没有体现差异性和针对性，不能真正帮助贫困生脱离困境。在开发贫困者自身反贫困潜力和能力方面的教育基本处于缺失状态。第三，缺乏对教育扶贫效果的精准考核。教育扶贫的项目和资金的投入是否达到效果，是否能有效地提升贫困家庭的人力资源质量，需要科学的评价体系和方法。

5. 存在教育外部的制度瓶颈

教育不公平既有教育内部的制度根源，又有教育外部的制度根源，如城乡分割的户籍制度（对流动人口子女的身份歧视）、就业制度、财税制度、人事制度等。教育内部制度往往受制于教育外部制度，后者不改革，前者难以改革。此处以财政、税收制度为例。现行财政制度、税收制度与城镇化发展严重不相适应，主要表现为：其一，1994 年分税制改革之后，中央政府拿走总税收的大部分，地方财政留成比例过低。其二，中央政府的财政转移支付制度以户籍人口为依据，流入地吸纳了大量的农村转移人口，但中央政府没有为这些人口的公共服务提供财力支持。其三，分税制导致的地方财力不足催生了地方政府的“土地财政”，而随着新型城镇化对于土地使用的约束收紧，地方政府的“土地财政”难以为继。这些原因使得流入地政府对农村转移人口的公共服务能力严重不足，缺乏户籍制度改革的积极性。而异地中考、高考改革与户籍制度改革及地方财政能力紧密相关。

总体而言，我国教育公平政策存在结构性、战略性缺失，亟待完善。这既需要政治智慧，也需要政治勇气。

二、推进教育公平的政策建议

1. 深化异地中考、高考改革，保障农民工子女在城镇地区的高中教育、高等教育的机会均等

首先，取消根据考生户籍报考的方式，使报考资格与户籍分离，与居住证制度挂钩。其次，改革高考“根据考生户籍确定分省定额指标”的招生录取方式。当前国情下，出于教育秩序和考试秩序的考量，依然需要分省投放定额指标，但建议不再像过去那样根据“户籍学生”的规模定额，而是根据“流入地学籍学生”的规模定额，消弭户籍人口与非户籍人口在定额问题上的利益冲突。为

推进此项改革，需要取消分省命题的考试方式，实行全国统一命题考试，如同现在的考研一样，完全根据学生成绩进行录取，而且完全与户籍脱钩。最后，大力发展流入地高中阶段教育，扩大高中教育规模。政府可以通过扩容改造、新建或扩建公立普通高中，提升公办学校的承载能力，同时要大力发展民办高中。

2. 重点解决城镇化进程中城镇教师缺编和农村教师质量问题，夯实教育平等性公平的人力资源基础

教育行政部门和政府人事管理部门、编制管理部门、财政管理部门等协调配合，确保城镇和农村有充足的教师。要落实 2012 年颁布的《国务院关于深入推进义务教育均衡发展的意见》，实行城乡统一的中小学编制标准，并对村小学和教学点予以倾斜。合理配置各学科教师，配齐体育、音乐、美术等课程教师。城乡教师交流机制旨在缓解城乡师资差距的燃眉之急，只是权宜之计，非治本之策。治本之策在于建立面向农村教师的激励机制和补偿机制，使中小学编制标准、薪酬分配和职称评定“补偿性”地向农村地区教师倾斜，真正让教师愿意留在农村、服务农村，这是农村教育固本强基的根本举措。城乡教师交流机制不能解决城乡教师都缺编的问题，因此，解决我国城乡教师总量不足问题的关键是政府要提高教师待遇、放宽教师编制，以吸引足够数量的优秀人才从教。

3. 完善教育的差异性公平政策，推进英才教育，培养高水平创新人才

要充分认识到英才教育是我国教育体系中的“软肋”，我国的英才教育是最为落后的一种教育类型。要非常警惕教育公平政策实施中存在的民粹主义、平均主义思想对于英才教育的戕害，要走出对于教育公平、教育平等的庸俗性认识。第一，加强顶层设计，完

善英才教育政策和立法。有公共权力做后盾，英才教育才能顺利发展。要改变我国英才教育支离破碎、散兵游勇、自生自灭的状态，政府必须承担起相应责任。第二，采用多样化的方法甄选和识别英才儿童，为因材施教奠定基础。第三，完善英才教育体系与模式，运用多种组织形式和方式方法培育英才，主要包括普通班的教育模式、英才班的教育模式、英才学校的教育模式三类。第四，健全英才教育的支持系统，政府培训大量教师，在普通班级或者在英才班级中实施英才教育，加强英才教育研究，为英才教育提供坚实的人力支持和智力支持。

4. 提高教育扶贫脱贫精准度，更好地发挥补偿性公平政策的效力

把精准扶贫、精准脱贫作为基本方略。第一，精准识别教育扶贫对象。完善对于贫困户和贫困生的识别标准，改进识别过程，减少识别误差。建设学龄人口就学和资助状况数据库，对他们的学习、就业、创业进行精准追踪，为保证贫困学龄人口应学在学、应助尽助提供技术支撑。第二，精准提供教育扶贫方式。提供多种扶贫方式，体现差异性和针对性，加强贫困者自身反贫困潜力和能力方面的教育，增强青少年就业、创业能力。第三，精准考核教育扶贫效果。完善指标体系和评价方法，将教育脱贫成效纳入地方脱贫攻坚工作考核范围。

5. 加大教育外部的制度改革力度，协同推进教育公平

推进教育公平，需要大量财力、人力、土地资源，需要财政部门、税收部门、人力资源管理部门、编制部门、土地管理部门的大力支持，需要在教育外部制度改革方面实现突破。此处以财政税收制度改革为例予以说明。推进教育公平，需要大量财力支持，必须

改革财税制度。第一，在城乡之间、不同层级城镇之间，优化、统筹资源配置，推进“公共资源配置权下移”和“公共服务统筹权上移”，使公共资源由过去偏重大城市开始向中小城市转换，由过去偏重城市开始向县域和农村转换，由过去偏向户籍人口开始向常住人口转换。第二，深化财政体制改革，合理划分事权和支出责任，深化税制改革，提升地方财力，进一步理顺中央和地方收入划分，提高地方政府分成比例，构建有利于人口城镇化的地方税体系。第三，适应人口流动，以常住人口为基础完善转移支付制度，建立财政转移支付同农业转移人口市民化挂钩机制。探索教育领域中央政府直接补助到人的转移支付形式。建立“学费随学籍走”的经费流动机制，减轻流入地地方财政的教育投入压力，提高城市接纳农民工随迁子女的积极性。

突出精准促公平　依靠教育拔穷根　大力实施教育精准扶贫的政策措施建议

王嘉毅

甘肃省教育厅

【要点】 党的十八大以来，以习近平同志为核心的党中央高度重视扶贫开发工作，十分关心贫困地区老百姓的生产生活，要求到2020年贫困人口必须全部实现脱贫。治贫先治愚，扶贫先扶智。教育在脱贫攻坚中具有基础性、先导性作用，是阻断贫困代际传递的最为有效的方式。那么，教育扶贫如何突出“精准”的总体要求，如何兑现“精准”的扶贫政策，如何落实“精准”的保障举措，以确保中央提出的“发展教育脱贫一批”这一目标如期实现？

教育是摆脱贫困的重要方式，是促进经济增长的关键力量，更是阻断贫困代际传递的根本抓手。联合国教科文组织的研究表明，人均受教育年限与人均国内生产总值的相关系数为 0.562。一个国家人均受教育年限每增加一年，年人均国内生产总值就会提高 2%—2.5%。党中央、国务院做出打赢脱贫攻坚战总体部署，把“发展教育脱贫一批”，作为“五个一批”脱贫举措之一。本文针对当前广大贫困地区教育发展现实问题，对接广大贫困群众接受各级各类教育的现实需求，建议国家实施一揽子特殊扶持政策、举措，突出强调“对象精准、目标精准、内容精准、方式精准、保障精准”，切实提高教育精准扶贫的针对性和实效性。

一、贫困地区教育发展面临的现实困难

1. 农村学前教育资源不足，不能较好地解放贫困家庭劳动力

学前教育是贫困地区教育发展的“短板”，学前教育三年毛入园率偏低。农村幼儿园数量严重不足，行政村一级“入园难”问题比较突出，幼儿“无园可上”的现象比较普遍，导致家庭不能腾出足够劳力参与生产劳动。加之乡镇以下幼儿园办学条件普遍较差、学前师资缺编严重、教师补充相对困难和专任教师、园长专业化水平不高等问题的存在，影响了农村学前教育保教质量的提高。

2. 边远地区小规模学校办学条件相对较差，寄宿制学校标准化建设亟待加强

虽然近年来城乡教育资源配置不均衡的问题得到有效缓解，但贫困地区农村义务教育学校标准化建设程度不高、教育信息化水平

较低，特别是边远地区小规模学校办学条件相对较差、运转困难。边远地区学生就近入学难以保证，农村义务教育寄宿制学校建设不能很好满足广大贫困家庭学生入学需求，寄宿生住宿、就餐、活动条件较差，一定程度上影响了学生身心健康发展。

3. 职业教育发展基础薄弱，“拔穷根”的功能发挥不充分

贫困地区职业教育发展水平总体较低，一方面办学资源分散，“小而全”“大而全”现象严重，办学特色不突出，办学吸引力不强。另一方面，办学条件普遍较差，实习实训基础设施建设滞后，“双师型”教师严重短缺，校企合作与集团化办学力度不够，人才培养质量不高。特别是在青壮年劳动力培训和劳动力转移方面作用发挥不充分，培训方式单一、内容陈旧，难以满足当地经济社会发展的需要。

4. 乡村学校师资队伍整体素质不高，成为影响教育质量的最大“软肋”

农村学校教师结构性缺编严重，音乐、体育、美术学科教师普遍不足，乡村幼儿园、中小学师资总体短缺，乡村教师补充难、补充质量不高。乡村学校教师年龄结构不尽合理，年龄老化现象突出。县域内城乡校长、教师交流轮岗的长效机制不尽完善，乡村优秀教师、骨干教师资源短缺。教师培训的精准度不高、针对性不强。乡村教师待遇相对偏低，“下得去、留得住、教得好”的激励机制有待健全。

二、推进教育精准扶贫的政策建议

推进教育精准扶贫，要把好“对象精准识别关”，依据贫困地区教育发展需要精准施策，依据薄弱学校的现实问题提供精准支持，依据贫困学生的实际困难精准帮扶，依据教师的发展需求精准培训，重点从以下方面完善政策，抓好落实。

1. 补短板，全面普及贫困地区学前教育

一是重点推动学前教育资源向行政村延伸。发挥政府的主导作用，在贫困地区有需求的行政村依托小学改造建设或新建幼儿园，使贫困地区农村幼儿就地安全入园，真正使农村孩子接受良好的启蒙教育，解放农村劳动力。二是创新学前教育办学体制机制。在贫困地区探索建立“民办公助”“公建民营”等多元化学前教育办学体制，鼓励社会力量以多种形式参与办园，支持普惠性民办幼儿园发展。三是多渠道解决贫困地区学前师资短缺难题。从国家层面出台公办幼儿园编制标准。实施国家“学前教育阶段教师特岗计划”，重点补充贫困地区行政村幼儿园师资。实施精准扶贫农村学前教师特聘计划，鼓励优先从政府扶持就业的高校毕业生、“三支一扶”①大学生、大学生村官、农村富余小学教师、代课人员、未就业高校毕业生中聘用农村幼儿园专任教师和保育员，中央财政给予一定补贴。四是着力提高科学保教水平。注重科学保教，遵循幼儿身心发展规律，坚持以游戏为基本活动，防止和纠正学前教育“小学化”

① 大学生毕业后到农村基层从事支农、支教、支医和扶贫工作。

倾向。建立学前教育教研巡回指导制度和城乡幼儿园结对帮扶制度，加强对农村幼儿园保教工作的指导，引导幼儿园牢固树立科学保教理念，促进幼儿全面、健康发展。

2. 兜底线，推动城乡义务教育均衡发展

一是加快改善薄弱校办学条件。扎实推进实施全面改善贫困地区义务教育薄弱学校基本办学条件项目，着力改善农村义务教育薄弱学校办学条件。在乡镇中心小学或人口密集地区乃至县城扩大标准化寄宿制学校建设规模，保障确需寄宿的学生进入具备良好条件的寄宿制学校学习。因地制宜保留并办好必要的村小和教学点，在中央和省级资金安排、教师培训、巡回支教、校长挂职等方面重点予以倾斜。二是加快教育信息化建设。实施贫困地区教育教学资源云覆盖计划，推进城乡“同步课堂”“名校网络课堂”“专递课堂”“名师课堂”等资源的建设与应用，促进村小和教学点共享优质教育资源。三是开展义务教育学制改革。在保证农村小学生就近入学的基础上，深化学制改革，因地制宜实行“三六”学制或“四五”学制。具体建议为：100 人及以下学校或教学点可试行义务教育“三六”学制，即在家门口的教学点或村小接受 1—3 年级教育，到乡镇中心学校寄宿或在县城学校寄宿，完成 4—9 年级的教育；也可采用“四五”学制，即在家门口的村小或教学点学习 4 年，从 5 年级起到乡镇或县城学校寄宿完成 5—9 年级的教育。

3. 拔穷根，依靠职业教育“输出一人、脱贫一户”

一是加快提升中职办学能力。在贫困地区的每个市（州）重点办好 1—2 所中等职业学校，每个县（市、区）重点建设 1 所有特色的职业技术学校（职教中心）。建设区域性、大型开放的职业教育公共实训基地，培养大批技术技能人才和掌握实用技术的新型职业农民。二是加大职业技能培训力度。建立公益性职业农民培养培训制度，以县为主、整体推进、全员覆盖。在市（州）建立“精准扶贫实用技术技能人才培养培训基地”，在县（市、区）建立“精准扶贫新型职业农民培训中心”。打造贫困地区“两后生”（初、高中毕业后未能继续升学的学生）职教集团，重点建设一批特色鲜明、服务三农的涉农专业点。三是建设“职业教育校企协同扶贫基地”。多方引进企业、行业参与贫困地区职业教育集团化办学。

4. 强支撑，提升高等教育服务扶贫攻坚的能力

一是加大招生扶贫力度。国家层面可进一步扩大各类面向贫困地区的定向招生专项计划规模，省级层面可灵活增设精准扶贫招生计划，并加大高职院校分类招生对贫困家庭考生的倾斜力度。二是强化高校对贫困地区发展的人才、智力支撑。实施高校百千万人才“五进”扶贫计划，组织开展高校师生精准扶贫“五进行动”，即“万名大学生进农村”社会实践扶贫行动、“千名师范生进村小”实习支教扶贫行动、“千名教师进基层”科技支撑扶贫行动、“百名专家进企业”产学研合作扶贫行动、“百名研究生进农家”蹲点调研扶贫行动。加强“高校精准扶贫智库”建设，为贫困地区经济社会发展提供智力支撑。三是深化战略合作、对口支援。支持贫困地区政府加强与知名高校的战略合作，鼓励东部发达省份与贫困地区高校开展交流合作。加大国家定点扶贫力度，努力形成推动教育精准扶贫的强大合力。在贫困地区高校设立讲座教授职位，提升贫困地区高校整体办学实力。四是开展科技扶贫。鼓励高校科研人员携带科技成果到贫困县创办企业，鼓励有条件的高校在贫困地区建立科研试验站或工作室，开展技术咨询服务，加强农村科技人员培训。

5. 建机制，提升贫困地区乡村教师队伍整体素质

一是创新乡村中小学教师补充机制。实施精准招录，重点补足配齐贫困地区音乐、体育、美术等紧缺学科教师，着力解决结构性矛盾。实施精准扶贫乡村教师定向培养计划，每年选拔一批家庭困难、学业优秀、有志从事乡村教育的优秀高中毕业生到师范院校就读，定向培养、协议服务。改革培养模式，精准免费培养“小学全科”“中学一专多能”的乡村教师。二是精准培训乡村教师。加强各级教师培训机构建设，实施“国培计划”精准扶贫乡村教师培训行动，以“点菜式”培训为主，增强培训的针对性。三是切实保障教师待遇。实行差别化班主任津贴和寄宿制学校双岗教师岗位补助。为村小、教学点和乡村幼儿园教师建设教师周转房，把乡镇中小学、幼儿园教师纳入保障性住房建设计划。四是在贫困地区推广“六统一”的园区走教模式。探索在贫困县建立教育园区，教师走教、校点（中心校和教学点）一体化管理，实现学生不动教师动、学生不动资源动，即统一教师食宿、统一进行教研教改、统一接送上下班、统一安排课程、统一调配教师、统一巡回支教。同时，可探索多方式、多层次的教师巡回支教、校长挂职活动，积极破解紧缺学科教师短缺、优质师资不足、教学质量不高的难题。

6. 促公平，着力扩大贫困学生资助帮扶政策覆盖范围

一是建立健全覆盖各学段的贫困学生资助体系。在落实国家现有普惠性资助政策的基础上，加大投入力度，免除（补助）学前教育保教费，对建档立卡贫困家庭普通高中学生免除（补助）学杂费和书本费，对建档立卡贫困家庭就读高职院校学生免除学费和书本费，把各项免费和资助政策精准到人，不让一个学生因家庭贫困失学。二是扩大营养改善计划实施范围。继续推进贫困地区农村义务

教育学生营养改善计划。可根据乡村幼儿接受学前教育的成长需要，开展“贫困地区学前教育营养改善计划”试点，为贫困地区幼儿提供免费营养早餐，有条件的地方同时提供营养午餐，提供午间寄宿条件，保障农村幼儿身心健康成长。三是加强毕业生就业服务。建立贫困家庭高校毕业生就业支持机制，继续将贫困家庭高校毕业生列为重点帮扶对象，为贫困家庭未就业的大学毕业生，特别是职业院校毕业生联系安排公益性岗位。积极协调东部地区企业，为贫困家庭毕业生定向提供就业机会。

三、推进教育精准扶贫应注意的几个问题

一是必须改革创新。要用改革的思维和创新的办法，着力在体制机制上下功夫。特别要坚持问题导向，着力帮助贫困地区解决教育发展中的突出问题。二是必须特殊扶持。通过特殊政策加大扶持力度，改变贫困地区落后教育面貌，让贫困家庭子女接受更好的教育。三是必须突出重点。在补短板上下功夫，重点在学前教育、职业教育方面要加大免补（免除和补助相关费用）力度，吸引贫困家庭子女接受教育。四是必须确保精准。改变以往“大水漫灌”的做法，实施“精准滴灌”，让扶持政策精准到户、精准到人。五是必须引导自立。教育扶贫仅是外力扶助的权宜之计，应更加注重受教育者的自我提高，使受教育者自强自立。六是必须讲究方式。对于宏观政策或者具体措施可让人人皆知，但具体到每一位学生，则要通过润物细无声的方式来实施，要顾及他们的内心感受，不可伤害他们的自尊。

瞄准核心把握关键　闯出“互联网+教育精准扶贫”新路子——以江西省上饶市教育扶贫实践为例

任友群

华东师范大学

【要点】《中共中央国务院关于打赢脱贫攻坚战的决定》提出，要“采取超常规举措，拿出过硬办法，举全党全社会之力，坚决打赢脱贫攻坚战”。习近平总书记也曾明确指出，“扶贫必扶智。让贫困地区的孩子们接受良好教育，是扶贫开发的重要任务，也是阻断贫困代际传递的重要途径”。近年来，各级政府高度重视“教育扶贫”工作，投入力度不断加大，使得农村贫困地区的教育整体面貌发生了可喜的变化。但随着扶贫工作逐渐走向攻坚阶段，“教育扶贫”迫切需要从“面”走向“点”、从

“校”走向“人”、从“大水漫灌”走向“精准发力”，从“教育扶贫”走向“教育精准扶贫”已是大势所趋。

江西省上饶市牢牢把握这一形势，在国家信息中心、教育部教育管理信息中心、江西省教育厅和腾讯公司的支持下创新模式、合力攻坚，通过上级支持、企业投入、统一连接、政府实施、家校协同、师生互动，在农村贫困地区走出了一条模式可复制、经验可推广、发展可持续的“互联网+教育精准扶贫”的新路子，这一模式是破解长期以来制约不发达地区教育信息化发展难题的有效做法。

一、“互联网+教育精准扶贫”的核心是精准监测、精准跟踪、精准施策

江西省上饶市是中部地区典型的经济欠发达地级市，所辖上饶县、横峰县、鄱阳县、余干县更是国家级贫困县。长期以来，上饶市委、市政府始终贯彻中央精神，落实习近平总书记“扶贫必扶智”的指示要求，加大教育投入力度，学生辍学率稳步下降，农村贫困地区教育质量逐步提升，“教育扶贫”工作成效显著。但随着近年来扶贫工作进入“攻坚阶段”，难点正在显现。其中，部分地区极个别留守儿童辍学问题始终无法得到彻底解决即是难点之一。留守儿童一直是上饶市教育扶贫工作关注的重点。

上饶市政府利用前阶段教育信息化建设成果，基本解决了“留

守儿童”辍学这一问题。

一是精准监测。综合应用教育部教育管理信息中心和省教育厅信息中心的学籍数据库、农村贫困人口建档立卡数据库和留守儿童数据库，比对了2016年上半年小学毕业班和2017年上半年初一新生的学籍信息，进行了仔细摸排，结果显示，有100余名小学生没有升入初中，他们是因为贫困或是其他原因而辍学的。虽然辍学留守儿童仅占上饶市2016届小学毕业生总数的0.14%，但上饶市政府充分意识到这个“小数字”事关扶贫战略能否实现这个大问题。

二是精准跟踪。信息化跟踪的方式，除了能及时找出贫困学生个体外，还可以随时跟踪贫困学生个人动态情况，并及时进行关注、关心和关怀。虽然从结果来看都是辍学，但背后原因却各不相同，主要表现为以下几类：因父母离异、成绩落后等因素产生的厌学；因家庭贫困等原因随亲属外出务工；学生智力方面有所缺陷，而当地又缺少培智学校。

三是精准施策。面对这样的“小数字”，过去以“面”为单位的教育扶贫经验和模式正在变得捉襟见肘，教育扶贫的工作触手亟待进一步延伸，从“面”走向“点”，从“校”走向“人”，根据每一个学生个体及家庭的实际情况，制定针对性的方案，采取根本性的措施。比如上述辍学留守儿童问题，就需要分门别类予以处理：有的需要从留守儿童自身入手，有的则需要从父母家庭入手；有的需要从资金、资源入手；有的则需要从人的心理入手。要解决这些“小数字”产生的“大问题”，需要“教育扶贫”工作走向“精准”。这种“个性化”的“诊疗”在过去主要依靠贫困地区干部和教师通过“人盯人”“人盯户”的方式实现，但贫困地区教师资源往往也是最为贫乏的。

上述辍学留守儿童问题只是教育精准扶贫诸多工作中的一项而已，这些工作如果单纯依赖干部、教师的“人盯人”“人盯户”显然是难以完成的，互联网与信息技术的蓬勃发展无疑为解决这一问题提供了新思路。经过近几年各级政府的持续投入，农村贫困地区的教育信息化水平（尤其是硬件水平）有了很大的提升，为“互联网+教育精准扶贫”的有效开展奠定了坚实的基础。除了硬件之外，实施“互联网+教育精准扶贫”还需要系统和运维的支撑，但这两方所涉及的资金、人力是农村贫困地区所紧缺的。在农村贫困地区实施“互联网+教育精准扶贫”急需引进新的思路与模式。

二、“互联网+教育精准扶贫”的关键是成本小、门槛低、成效显

针对上述痛点、难点问题，上饶市政府会同国家信息中心、腾讯公司，采取上级支持、企业投入、统一连接、政府实施、家校协同、师生互动的新模式，以新型腾讯智慧校园系统为枢纽，形成了一套成本小、门槛低、成效显的“互联网+教育精准扶贫”解决方案。

一是通过上级支持和企业投入来控制成本。上饶市以腾讯智慧校园系统为核心的“互联网+教育精准扶贫”项目得到了国家信息中心的高度支持。与发达地区不同，农村贫困地区教育信息化诉求相似度高，针对这一特点，国家信息中心结合近年来开展互联网大数据分析工作的有效做法，通过政府购买服务的方式，会同腾讯公司，以小规模资金为支点，以上饶为示范，积极推动“互联网+教

育精准扶贫”事业的新发展。腾讯智慧校园由腾讯公司全面建设、运维，以智能手机为基础终端，以微信为基本连接手段，不仅免去了贫困地区“互联网+教育精准扶贫”信息系统的开发、运维投入，还有效降低了基础设施建设的新增投入。智能手机是微信搭载的基本设备。目前智能手机已进入千家万户，即便在农村贫困地区，许多教师、家长及教育管理者（甚至部分学生）也已拥有智能手机。以智能手机为终端实现设备自带，降低了教育信息化的硬件投入。

二是通过统一连接和政府实施来降低门槛。腾讯智慧校园是以微信作为统一的基本连接手段，这不仅真正实现了“人人通”，而且有效降低了农村贫困地区教师、家长、教育管理者的应用门槛。上饶市政府积极引入腾讯智慧校园解决方案落地，并且以多种方式直接指导和推动上饶县率先试点示范，在及时总结试点中小学有效经验的基础上，抓紧部署，不到半年就将该系统迅速推广到上饶县全部各类中小学390所，到2017年3月下旬已经完成全市82%的中小学的部署。在试点试验的基础上，学校与腾讯公司一同开发出了微官网、班级圈、家长通讯录、教师助手、发送作业、消息通知、优质课件在线对接、课外辅导材料在线选择等特色应用功能88项，确保用户参与率达到99%，使用者每日活跃数远远超出预期。

三是通过家校协同和师生互动来发挥成效。腾讯智慧校园系统与以往最大的不同就是纳入了家长、家庭。由于系统依托了微信这一用户众多、使用广泛的社交平台，能够极其便利、低成本地把学生家长纳入在内。尤其是在外地务工的留守儿童家长也因此便捷地链接进入学校教育信息化系统，能够在第一时间通过与教师对话，以及图片传输、在线视频等手段及时了解孩子在学校的学习成长情况。这有效缓解了在外务工家长对留守儿童的思念，增进了父母与子女的亲情、家长对学校的了解。目前该系统中家长日均使用量已过万次。在上饶市，以腾讯智慧校园系统为核心的“互联网+教育精准扶贫”模式的效益正在显现。下一阶段，上饶市政府、国家信息中心、腾讯公司将充分发挥系统开放性的优势，将优质教学资源与应用链入平台，在继续做好管理、服务功能的基础上，进一步提升腾讯智慧校园系统的教学功能、教研功能与师训功能；同时将对前期所累积的海量数据进行充分挖掘和分析，以期为提升农村贫困地区的教育教学水平提供借鉴与参照。

实施教育精准扶贫事关中央脱贫攻坚战略大局，而互联网与信息技术无疑是支撑教育精准扶贫的核心与关键。如何突破自身的人力限制、资金限制、资源限制，稳步推进教育信息化，积极实施“互联网+教育精准扶贫”是欠发达地区下一阶段教育工作的重中之重。江西省上饶市所走出的这条“上级支持、企业投入、统一连接、政府实施、家校协同、师生互动”的“互联网+教育精准扶贫”建设与应用的新路子，无疑为全国欠发达地区推进教育信息化提供了值得借鉴的宝贵经验。

加强农村教学点建设　推进城乡教育一体同步实现现代化

邬志辉

东北师范大学

【要点】近年来，国家保留和恢复教学点取得重要进展，但建设和发展教学点相对滞后，教学点已成为我国教育现代化的“最短板”。当前，农村有保留型、恢复型和沦落型三种教学点，普遍面临资金不足与效益困境、更新缓慢与标准困境、结构缺编与素质困境三重挑战。尽管未来教学点的数量会发生变化，但不可能被消灭，教学点将长期存在。加强教学点建设有助于促进教育公平，阻断贫困代际传递；有助于提高教育质量，缓解城镇教育压力；有助于激发教育活力，推进多元教育创新。应把教学点建设放在重中之重的战略地位，加紧制定教学点办学标准，推进教学点现代化；不断创新教学点管理模式，提升教学点吸引力；持续改革教学点教学方式，提高教学质量。

进入21世纪以来，随着农村学校布局调整进程加快，县城内小学数量大幅度减少，由2001年的46.5万所减少到2015年的16.4万所，15年间减少了64.7%。与之相比，农村教学点数量经历了“先减后增”的过程，总体减幅不大，由2001年的11.4万个减少到2015年的9.2万个，15年里仅减少了19.3%，比县城小学减幅低45.4个百分点。尽管“保留”和“恢复”教学点取得重要进展，但“建设”和“发展”教学点相对滞后，是教育现代化的“最短板”和“最薄弱环节”，处在教育分层的底部和教育神经的末梢，是教育质量不均等的“重灾区”。本报告基于对全国12省份农村教育的调查，发现农村教学点发展面临诸多困境。在创新、协调、绿色、开放、共享五大发展理念指导下，我国应实施“农村教学点振兴计划”，完善农村教学点“最后一公里”建设，同步一体推进城乡教育现代化，不让一个孩子掉队。

一、当前农村教学点的主要类型及特点

我国地域广袤、环境复杂，许多农村地处偏远、居住分散、交通不便，保留并建设好一定数量的教学点有助于农村儿童就近入学、控辍保学。在县域内，2015年我国教学点数占小学总数（小学+教学点）的35.8%，在学人数达402.5万，占小学在校生总数的6.1%，复式班人数11.6万，占小学在校生总数的0.17%。尽管农村教学点在学人数总量不大，但却集中着贫困程度较深、无力送

子女进城上学的弱势人群家庭子女，这是阻断贫困代际传递的核心目标人群，是教育现代化最难啃的“硬骨头”。完成“到2020年基本实现教育现代化”既定目标，难度大、成本高、时间紧、任务重，须切实把握农村教学点的类型特点，按照公平、精准、质量、绩效原则加强建设。

1. 保留型教学点

保留型教学点主要分布在地理位置偏远、地形状况复杂、交通条件不便等大山区和深山区。尽管21世纪以来农村进行了较大规模的学校布局调整，但这些教学点因地点偏远、条件艰苦而保留下来。保留型教学点的共同特点是学生人数少（大多不足20人），年级不完整（只有小学一二年级或附设学前班），教学方式独特（多科教学、复式教学、小班教学），办学条件差，教师引进难。保留型教学点基本坐落在西部经济欠发达地区，如广西、四川、贵州、云南、甘肃等省区，实现教育现代化难度最大。

2. 恢复型教学点

恢复型教学点主要分布在学生上学距离较远、交通安全隐患较大、食宿成本花费较高的丘陵和平原地区，主要是因过度撤并而恢复的教学点。恢复型教学点一般离乡镇和县城小学较远，学生人数相对较多（一般在五六十人以上），班额比较小（每班大约有十几名学生），年级相对完整，教师数量相对充足，办学条件相对较好。尽管恢复型教学点状况不太差，但由于离县城较远，许多教师居住在县城，家校往返时间较长，多不愿意被分配或交流到这类教学点，加强教师周转宿舍建设成当务之急。

3. 沦落型教学点

沦落型教学点主要分布在产业结构单一、经济活力不足、外出打工人口较多的行政村或小乡镇，主要是因教学质量较差而日渐衰落。由于农民外出务工收入提高，对附近学校教学质量不满，因此家长用“以足投票”方式进城择校，或由亲人陪读，或让子女住宿，从而导致“教育吸引型”城镇化，出现“城满、乡弱、村空”的局面。调查表明，有48.6%的乡村儿童是因为教育质量差才进城读书的，有54.6%的家长明确表示如果城乡教育质量一样好会让孩子回村读书。沦落型教学点拥有一定数量的生源，办好可以吸引生源回流，缓解城镇教育压力。

二、农村教学点发展面临的主要困境与问题

尽管2012年《国务院办公厅关于规范农村义务教育学校布局调整的意见》发布之后，农村教学点撤并势头得到有效遏制，3年间还新增2.25万个教学点，但要清醒地看到，在2030年我国城镇化率接近70%之前，保留型教学点日益减少、恢复型教学点涨幅不大、沦落型教学点不断增多是总体趋势（见表1）。调查显示，2015年教学点实际招生数仅占应招学生数的78%。当前，农村教学点面临的最大问题是人们看不到希望和信心，即政府担心人口流动大、投入收益低，家长担心教学质量差、孩子希望小，教师担心学校被撤并、未来无出路，因此陷入了“人少无投入—质低无出路—能走咱就走—留守等撤并”的死循环。

表1　主要省份2001—2015年教学点数量变化　　（单位：个）

省份	教学点数量		省份	教学点数量	
	2001年	2015年		2001年	2015年
河南	2467	9260	甘肃	3791	4006
广西	21260	9138	湖北	3242	3578
四川	10868	8760	贵州	6090	3434
湖南	3896	7728	云南	21476	3308
江西	3243	7365	山西	772	3108
河北	4772	6597	福建	3463	2478
广东	3690	6285	山东	2712	2239
安徽	3780	5768	陕西	2504	2045

1. 资金不足与效益困境

教学点是非常规学校，标准投入难以保证基本运转，超标准投入又无法产生规模效益。“理性的决策者”在教育资源有限的情况下，优先将资金投入收益最大的乡镇中心小学。在这种政策指导下，农村教学点难以获得地方政府公平、充足、有效的财政支持。由于许多地方采取“垂直分包模式”管理教学点，即教育局管中心校、中心校管村小、村小管教学点，即使国家出台了“不足100人教学点按100人拨付生均公用经费”政策，但生均公用经费一般只下拨到唯一事业法人——中心校账户，中心校采取“集中记账、分校核算”方式管理经费，有时并不按规定标准给村小和教学点足额拨付经费①，有的教学点还要靠教师工资和百姓捐赠维持运转。

①　东北师范大学农村教育研究所李涛博士在广西调研时发现，某乡镇中心校管辖1所村小（学生175人）和2个教学点（学生数均为8人），2015年春季学期中心校应拨付公用经费112500元，但实际仅拨付公用经费46724元，其中政府采购类分账25298元、学校报销21426元（现金5500元，转账15926元），中心校实际截留了65776元，实际拨付率仅为41.5%，截留率高达58.5%。

2. 更新缓慢与标准困境

国家尚未出台农村教学点办学标准，地方政府建设教学点既无标准可依，也无问责机制，特别是教学点数量较多的省份和地区，有的只重点建几个样板教学点供领导参观考察，尚未实现教学点标准化建设的全覆盖。即使一些地方政府曾实施过教学点达标工程，但由于教育资源投入有限，教学设施更新较慢，难以享受教育现代化成果，硬件差距越拉越大；加上教师培训不及时、教学观念太陈旧，导致许多教学仪器设备使用率低，最终不得不靠“一根粉笔打天下”。仅以全国小学接入互联网校比例为例，2015 年城区达 91.5%，镇区为 76.9%，乡村只有 47.4%，教学点状况可见一斑。

3. 结构缺编与素质困境

近年来，农村教学点补充了许多新教师，35 岁以下教师占教学点教师总数的 45.9%，50 岁以上教师依然占 26.8%。调查发现，代课教师占教学点专任教师的 29.8%，西部地区教学点教师同时兼任 2 门以上学科的比例达 83.8%。从师生比看，1 名教学点专任教师仅服务 11.3 名学生，远远低于 1∶19 的国家规定标准，教师数量较为充足。但从师班比看，每个教学点班级只能配备 1.8 名教师，低于 1∶2.2 的常规标准，结构性缺编现象依然存在，英语、美术、科学等课程依旧较难开齐、开足、开好。教学点品德课开设率为 70.8%，科学课开设率为 56.3%，信息技术课开设率为 29.2%。调查显示，城市小学数学教师的学科知识平均得分为 78.9 分，县城小学数学教师学科知识平均得分为 60.8 分，教学点小学数学教师学科知识平均得分为 38.5 分，教学点教师素质与城镇教师差距依然较大。

三、加强农村教学点建设的对策建议

教学点是农村教育的重要形态之一。从发达国家经验看，美国城镇化率尽管达到85%，但依然有教学点2.2万所，约占全美小学总数的1/3。可见，尽管教学点数量会发生变化，但不可能被消灭，教学点作为一种教育形态将会长期存在。加强教学点建设，有助于促进教育公平，阻断贫困代际传递；有助于提高教育质量，缓解城镇教育压力；有助于激发教育活力，推进多元教育创新。我国应实施“农村教学点振兴计划”，全力推进农村教学点实现现代化。

1. 制定教学点办学标准，推进教学点现代化

建立国家教学点办学指导标准，统筹考虑学龄人口变化、全面课程实施、教育质量提升等因素，合理调整农村学校布局，办好必要的教学点，满足偏远地区儿童就近接受优质教育的需要，在全面改善贫困地区义务教育薄弱学校基本办学条件项目经费中拿出专项资金投入教学点建设，创新教学点教育资源配置模式，保证教学点在师资配置、经费投入、办学条件等方面达到基本办学标准，全面利用线上课堂、网上微课等现代技术手段，实现数字化教学资源全覆盖，形成高智能、可移动、现代化的教学点办学环境。

2. 创新教学点管理模式，提升教学点吸引力

探索学区制管理、联盟化发展、独立制评价等多样化管理方式，激发教学点微观办学活力。提高教学点教师配置标准和工资待遇，建设教学点教师周转用房，设置村小及教学点特级教师岗位，激励城镇优秀教师向教学点流动。采取中心校与教学点统一管理，

统一安排教师、统一编排课程、统一教学进度等方式，开齐开足开好国家规定课程。落实不足 100 人按 100 人拨付生均公用经费政策，理顺乡镇中心小学与农村教学点之间的财政体制关系，建立教学点财务独立账目，实行教学点财务账和教学点公用经费使用年度审计制度和法人问责制度，确保教学点经费专款专用。

3. 改革教学点教学方式，实现教学点高质化

适应小班化特点，改变传统集中授课、单向灌输教学模式，推进主体式、个性化教学模式。在中小学教师国家级培训计划中设立“农村教学点教师专项培训”，全面提高教学点教师的专业素养水平。探索联合教研、校点走教、实践反思、对话互动等专业发展方式，改变教学点教师孤独教学、封闭发展的现状。充分利用乡村儿童经验、社区特点和自然禀赋开展生活教育，着眼学生核心素养培育，全力实现尊重个体差异、激发学习潜能、鼓励合作创造、服务终身学习的现代农村素质教育，使农村学生形成积极的教育获得感和持续的学习内动力。

破解城镇学校大班额难题　全面推进适应城镇化的义务教育供给侧改革

邬志辉

东北师范大学

【要点】 协调发展和绿色发展是党的十八届五中全会提出的新理念。城镇学校大班额是学龄人口集聚与教育资源供给不足、家长对优质教育资源的诉求与城乡教育质量差距矛盾综合作用的结果。城镇学校大班额呈现缓解与严重并存、初中甚于小学、中西部更为突出的样态。大班额有三种表现形态：人口拉动型、空间结构型和质量差距型。针对大班额的生成原因，应采取“扩供给、调结构、提质量”的发展思路，全面推进义务教育供给侧改革，精准破解城镇学校大班额问题，实现城乡教育协调发展和绿色发展。

近年来，随着城镇化进程的加快，大量农村剩余劳动力进城务工，城镇常住人口数量急剧增加，2015 年我国城镇化率达 56.1%。与此同时，城镇学龄人口也出现了向城性流动，同期小学在校生城镇化率达 69.4%，初中在校生城镇化率达 83.7%，比常住人口城镇化率分别高出 13.3 个和 27.6 个百分点。学龄人口的涌入对城镇义务教育资源承载力提出了严峻挑战，大班额问题突出，“全面二孩”政策放开可能会让大班额问题愈发严重。班额是影响学生学习效果和教学质量提升的关键变量之一，涉及教育生态的良性发展。在协调发展和绿色发展新理念下，剖析城镇学校大班额形成的原因和类型，有针对性地推进适应城镇化的义务教育供给侧改革，精准破解城镇学校大班额问题，有着重要的现实意义。

一、城镇学校大班额的基本状况

1. 缓解与加重并存，初中大班额现象尤为突出

2014 年，全国小学 56 人及以上大班额比例为 12.2%，比上年下降 1.1 个百分点；普通初中大班额比例为 21.7%，比上年下降 2.9 个百分点。总体上，大班额比例呈下降趋势，大班额问题在逐步缓解。但是，个别地区城镇大班额现象仍然比较严重，广西、河南、湖南等省份大班额比例高达 45%以上，远高于国家的平均水平。在学段上，初中大班额问题更加突出，占 1/5，比小学高出将近 10 个百分点。

2. 中西部城镇学校大班额问题严重

2015 年 12 月，课题组在湖南省耒阳市调研时发现，城关镇初

中学校班额普遍在80人以上，调研中遇到的最大班额为118人，乡镇学校班额也在70人左右。湖北省大悟县也是同样情况，城关镇小学大班额现象很突出，平均达到90多人，最大班额达110多人。总体来看，中西部城镇学校大班额问题严重。

二、城镇学校大班额的原因与类型

城镇学校大班额与学龄人口流动背景下出现的教室不足、教师不足直接相关，然而，这并非形成大班额的深层原因。探究学龄人口向城镇集中的深层原因，厘清不同类型的大班额，是破解大班额问题的前提和基础。

1. 人口拉动型

城镇化背景下，伴随大量农村剩余劳动力进城务工，学龄人口也出现向城性流动。在教育方面，建制镇和小城市积极贯彻“两为主”① 随迁子女就学升学政策，平等接收随迁子女就学。然而，城市教育布局滞后于人口流动，中小学新建、扩建、改建的速度未能跟上经济社会发展步伐，未能跟上学生流入的速度，中小学校数量不足，学位有限，教师短缺，教育资源承载力面临挑战，广州、深圳等地出现了拆掉功能教室装学生的现象，教育供求矛盾十分突出。

2. 空间结构型

在一些地区，城镇学校大班额并非普遍现象，而是焦点区域

① 《国务院关于做好免除城市义务教育阶段学生学杂费工作的通知》规定进城务工人员随迁子女接受义务教育要以流入地为主、公办学校为主解决。

（如老城区学校）的特有现象。在城市中心区，原有学校占地面积是按5—7层楼居住人口设计的。随着城镇住房向商品化和高层化发展，受教育学龄人口成倍增加，而义务教育学校只能保持低层化建筑，从而导致学校学位供给与学位需求之间的新矛盾，在原校址扩建几无可能又无法获批新校址的情况下，遂产生了大班额问题。但在城市近郊区或远郊区，学校学位则相对充足。尽管城镇教育资源总量充足，但由于空间布局不合理，从而导致学龄人口集聚与教育资源分散的矛盾。

3. *质量差距型*

随着人们经济收入水平的提高，对优质教育有了新的诉求。当城乡之间或城市内的不同学校之间存在教育质量差距的时候，农村家长便会把孩子送到城镇读书，城市家长也会想方设法为子女择校。调查发现，在农村义务教育阶段学生进城读书的动因中，有27.7%是因学校撤并，有30.1%因质量差距，有42.2%是因进城打工。虽然法律规定义务教育阶段学生应在户籍所在地就近入学，但建制镇和小城市较为宽松的随迁子女就学升学政策为农村孩子进城读书提供了政策便利。平等的随迁子女就学政策为农村孩子摘掉了“择校”的帽子，以随迁子女的名义“名正言顺”地进城读书，直接导致城镇学校大班额现象。

三、破解城镇学校大班额难题的对策建议

破解城镇学校大班额难题，不仅仅是新建、扩建和改建学校的问题，也不仅仅是钱的问题，而应当针对城镇学校大班额形成的原

因和类型，以“扩供给、调结构、提质量”的发展思路，推进义务教育供给侧改革，精准破解城镇学校大班额问题，实现教育领域的协调发展和绿色发展。

1. 扩供给

针对随迁子女大量涌入以及本地户籍学龄人口增加所造成的总体教育资源供给不足问题，应当采取新建、扩建、改建等措施，对城镇义务教育学校进行改造，分步解决大班额问题。但难点是财政资金不足、教育用地有限和教师编制短缺。2015 年，课题组在广西灵山县调研时发现，所调查的 2 所小学班额均在 60 人以上，2 所中学班额均在 70 人以上。据教育局解释，即使面临如此严峻的大班额现象，近两年县城仍没有新建一所学校，一个重要原因是县财政不足，另一个原因是没有新建学校的土地，而城镇学校布局及其容纳规模依然停留在改革开放初期，优质中小学布局尤其如此。

因此，针对资金问题，建议根据各地区实际情况和城镇政府财力水平，建立中央、省级和县级三级财政按比例分担的消除大班额经费保障机制。关于土地问题，建议做好旧城改造、新建住宅教育用地预留和配套学校建设的相关立法规定，不能只建房、不建校。同时还要建立现有住宅小区学校配套追查机制，测算教育用地欠账情况，建立教育用地归还机制。此外，教育用地涉及发展改革部门、城市建设部门、财政部门、教育部门等，要形成多部门共商协作、保障教育用地的机制。对于编制问题，政府应当根据地区教育发展情况，充分发挥地方政府能动性，突破“财政供养人员只减不增”的编制总量控制原则对教育事业发展的制约。如编制部门会同教育部门、财政部门根据生源变化和教育教学改革需要，定期核定教职工编制；中小学现有编制总量达不到规定标准总量的城镇，可统筹协调不同事业单位编制，通过撤并、改企转制等方式收回事业机构编制资源，优先保障中小学校编制需要；创新教师来源模式，鼓励政府探索以购买教师岗位等方式解决教师不足问题。

2. 调结构

对于城镇教育资源总量充足，但学校质量和空间分布不均衡所导致的大班额，关键是要均衡城乡学校质量和调整学校布局，解决学龄人口集中和教育资源分散的结构性矛盾。对教育资源较好的学校，建议探索通过学区制、学校联盟、集团化办学、教师交流等方式扩大优质教育资源覆盖面，合理分流学生，限制招生人数，并将化解大班额情况作为学校、政府绩效考核的重要内容。对于城镇学校布局不合理所造成的大班额现象，建议科学预测城镇学龄人口数量和空间分布，精准测算教育资源承载能力，科学规划城镇学校布局。

3. 提质量

城镇教育和乡村教育处于同一体系中，相互联系又相互影响，城镇学校大班大校和乡村学校小班小校是一个问题的两个方面，破解城镇学校大班额，还需办好农村教育，提升农村教育质量，减少因城乡教育质量不均等导致的生源向城镇流动。调研显示，大多数乡村家长愿意在城乡教育质量同等的情况下选择就近入学。就近入学是每个义务教育阶段学生的基本权利。地方政府应保障城乡义务教育阶段学生就近入学的权利，让他们在家门口就有学上和上好学。因城乡教育质量差距导致的“教育吸引型”城镇化除了引发大班额问题，还带来进城陪读、低龄寄宿、成本增加、第三类儿童——“异地留守儿童”等问题，弱势群体承担着城乡教育质量不均等的代价。所以，应当切实贯彻落实义务教育经费保障机制，加强义务教育学校标准化建设，推进营养改善、全面改善贫困地区义务教育薄弱学校基本办学条件、特岗教师、乡村教师支持等多项利农教育政策，在资金投入、办学条件、师资配备等方面向农村学校倾斜，提升农村教育质量，破解质量差距型的城镇学校大班额难题。

《乡村教师支持计划（2015—2020 年）》的对象范围含糊及厘清策略

阮成武

安徽师范大学

【要点】《乡村教师支持计划（2015—2020 年）》确定实施对象为全国乡中心区、村庄学校教师（以下简称国标），范围界定含糊，导致乡村教师与农村教师统计数量差额巨大，用地域划分标准界定乡村教师出现诸多矛盾，执行国标与对国标进行调整带来对象范围大小不一。为此建议：根据乡村学校的空间属性界定支持计划的对象范围；根据乡村教师内部差异性，确立政策支持的差序指标；构建政策支持对象的动态形成机制。

《乡村教师支持计划（2015—2020 年）》将对象范围界定为全

国乡中心区、村庄学校教师，套用统计部门的城乡地域划分标准，带来适切性问题。目前全国有20个省份执行国标，12个省份根据本省实际将对象范围进行了调整。为此，应对政策实施情况及各地的探索进行总结，进一步明确界定和适度调整乡村教师的对象范围，提高政策支持的精准度和实效性。

一、《乡村教师支持计划（2015—2020年）》的对象范围含糊及其表征

1. 不同统计口径导致乡村教师与农村教师的巨大差额

比较《全国教育事业发展统计公报》前后两种统计口径，2006至2010年农村教师均在500万人左右；2011年至2015年乡村教师均在300万人左右，两者相差200万人。这200万农村教师现在被统计在城乡接合区和镇乡接合区一类，被划在乡村教师支持计划的对象范围之外，失去了原先的农村教师身份。他们实际上在这些区域的城乡或镇乡接合区的乡村学校工作，却没有被纳入政策支持范围。

2. 用城乡地域划分标准界定乡村教师出现诸多矛盾

调查显示，套用国标的省份普遍面临对象范围含糊、操作困难问题。安徽省六安市乡镇村专任教师32356人，其中乡村教师15508人、镇区教师16848人。该市所出台的实施办法考虑到多数的镇实际地处乡村，故将镇（不含城关镇）中心区教师纳入对象范围。芜湖市弋江区为了调动所辖3个镇的教师积极性，决定将这3个镇的教师归为乡村教师，享受有关政策待遇。而阜阳市太和县规定，镇中心

区及开发区不享受补助政策。其中，开发区 5 个村的完小或村小教师却不能享受补助政策。这些教师认为开发区的学校实际地处乡村，学生来自本村，通过各种途径向上级反映，得到的回答是执行上级文件（开发区属镇区而非乡中心区和村庄），问题得不到合理解决。

3. 执行国标与对国标进行调整导致对象范围大小不一

针对国标的对象范围含糊问题，不少省份和区县的实施方案都做了调整。如《北京市乡村教师岗位生活补助发放办法的补充办法》，将对象范围拓展到乡村和镇区学校。吉林省规定乡村包括镇中心区、乡中心区（不含县城所在地镇中心区）和村庄，教师为在编在岗（含服务期内特岗教师）。广东省规定对象为乡镇（不含县城所在镇街）及乡镇以下农村中小学（含幼儿园、中等职业学校）在岗教师。江苏省规定对象为县人民政府驻地以外的乡镇、涉农街道和村庄学校（含幼儿园、中小学、特殊学校、中等职业学校）的教师。

然而这又带来新的问题：执行国标的省份和区县对象范围普遍偏小；在国标基础上做出一定调整的省份和区县，对象范围普遍放大。结果是执行国标的省份和区县，乡村教师产生相对剥夺感和不公平感，影响工作积极性和稳定性。

二、《乡村教师支持计划（2015—2020 年）》的对象范围含糊成因分析

2010 年以前教育部的教师统计将城市、县镇以外所有教师纳入农村教师，依据的是一个“大农村”的概念，而不是对应于 1999 年国家统计局“大乡村、小农村”的划分标准（依此标准，

乡村教师包括农村教师和集镇教师）。

2011 年后的教师统计部分采用 2006 年国家统计局的划分标准，将乡中心区和村庄教师纳入乡村教师，但该标准的乡村是“指本规定划定的城镇以外的区域”，照此标准，以下属于乡村的区域教师没有被纳入对象范围：非建制镇的教师；城乡接合区的村级地域学校教师；镇乡接合区的村级地域学校教师；地处城区、镇中心区、镇乡接合区以外，不隶属乡级行政区域（包括工矿区、开发区、科研单位、大专院校、农场、林场和其他特殊区域），常住人口不足 3000 人的特殊区域学校教师。由此造成原先统计的全国 500 万左右农村教师现在变成 300 万左右乡村教师（图 1）。有关省份和区县调整对象范围，正是将以上四类教师部分或全部纳入乡村教师。相比之下，国标的对象范围偏小，各地调整后对象范围有所放大，造成反差和矛盾的原因也在于此。

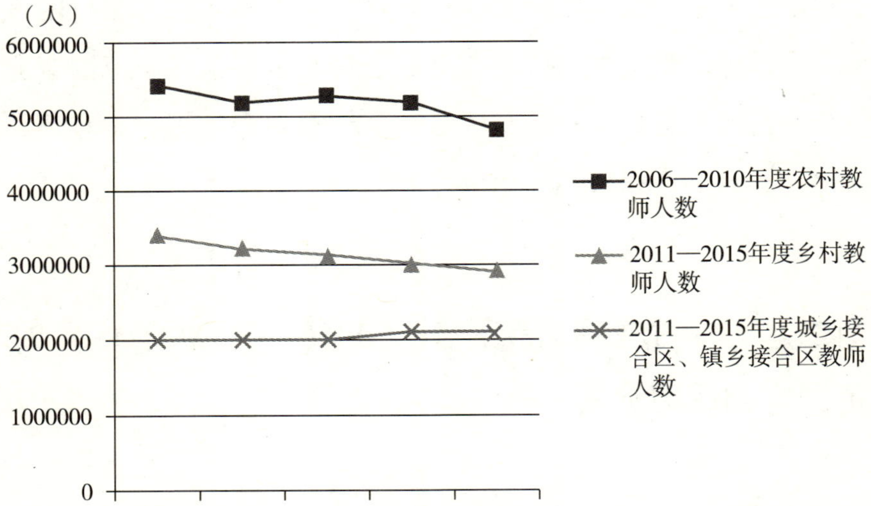

图 1　农村教师与乡村教师、城乡接合区和镇乡接合区教师人数比较

注：根据《全国教育事业发展统计公报》各年数据制。

三、厘清《乡村教师支持计划（2015—2020年）》的对象范围的政策建议

1. 将乡村学校的空间属性作为乡村教师的界定标准

教师统计中，无论2010年前按城市、县镇和农村分类，还是2011年后按城区、镇区和乡村分类，都忽略城镇与乡村之间的连续性。城乡作为一个连续体并不存在明显的断裂点或分界线，之间存在大量中间类型。国标只是将城乡连续体连向乡村的端点，把乡中心区和村庄学校教师纳入对象范围，而忽略其中的中间类型。为此，建议将以下中间地域教师纳入乡村教师：①县级人民政府驻地以外的镇的教师；②城乡接合区的乡中心区和村庄教师；③镇乡接合区的乡中心区和村庄教师；④地处城区、镇中心区、镇乡接合区以外，不隶属乡级行政区域（包括工矿区、开发区、科研单位、大专院校、农场、林场和其他特殊区域），常住人口在3000人以下的特殊区域学校教师。

2. 根据乡村教师内部差异性，确立政策支持的差序指标

在城乡统筹和一体化发展背景下，城乡接合区、镇乡接合区、建制镇、非建制镇、特殊区域、乡中心区、村庄地区的居住、交通、文化、交往和职业活动与城镇存在一定隔离，导致乡村教师工作、生活、学习和职业发展与城镇教师存在不同程度的差距，处于劣势。同时，乡村及乡村学校也不是同质化或等值化的，学校越偏远、所处地区越贫困，乡村教师面临的交通、住房、择偶、子女上学、夫妻分居以及专业发展方面的困难越突出。划一性的支持政策

会导致乡村教师产生不公平感和相对剥夺感，加剧系统内流动（向城性流动和趋中心化流动）。因此，政策支持的对象范围应突出内部差异性，根据不同地域学校的边远指数和艰苦指数，制定差序化的支持政策，将政策资源和政策红利送给最边远、最艰苦的乡村教师。

3. 构建乡村教师政策支持对象的动态形成机制

随着城镇化和城乡一体化发展，乡村以及乡村教师的概念内涵势必发生改变，使乡村与城市之间的界限日趋模糊。以学生数和班级数核定乡村学校编制，以此配置乡村教师和形成“校籍”的做法，既不适应农村学龄儿童流动性发展态势，也不适应乡村教师生活和发展需要。同时，随着特岗教师、“三支一扶”教师、城镇中小学教师到乡村学校任教服务期制度、新入职教师到乡村学校服务期制度、城乡教师交流轮岗制的普遍推行，乡村教师的流动性日益增强。

为此，应改变乡村教师的编制属性，使之成为根据乡村学校生师比和班师比相结合确立的教师工作岗位，而不是固定为一种职业身份和“校籍”。在此岗位履职的教师即为乡村教师，享受乡村教师的政策红利，不在此岗位即不再享受。防止一些教师获得政策红利后逃离或向城市流动，导致乡村教师支持政策的效能稀释。乡村教师与城镇教师只是工作岗位不同而非职业身份不同；同时，采用动态不连续计算，对乡村教师岗位任职年限进行累计，实施工资待遇、职称和荣誉累进制度。由此促进城镇教师“下得去”，乡村教师“留得住”“流得动”。与此相应，发挥教师管理信息系统功能，将补助资金及政策资源精准到校到岗，对乡村教师认定、岗位设置与管理、政策享受等情况实施及时动态管理，形成乡村教师工作治理体系。

学制和义务教育年限问题研究

孟繁华

首都师范大学

【要点】 我国现阶段学制和义务教育年限设置中存在的问题主要包括：现行义务教育学制不能很好地支持青少年成长的多元性及连续性需求；现行学制弹性与可选择性不足，不能很好地实现人才培养的差序分流；职业技术教育与普通教育之间沟通渠道不够通畅；高等教育的专业结构、层次结构不够灵活多样；终身教育的地位没有得到很好的凸显。立足我国国情，并参照国外学制与义务教育年限设置的经验，本报告从国家战略、社会变革、学生发展和支持系统四个维度进行了研究，提出了关于我国学制与义务教育年限设置的政策建议：(1) 学制作为一项基本教育制度，应具有相对稳定性与动态发展性；(2) 义务教育年限现阶段维持不变，待条件成熟时延长至 10 年，其间可倡导实施学前教育 1 年免费教育；(3) 义务教育学制从六三制适时过渡到五四制，条件成熟地区倡导义务教育一贯制；(4) 高中阶段学制年限保持不变，不主张实行义务教育，是否免费依据各地实际情况确定；(5) 普通本科学制进一步增强弹性，推进真正意义上的学分制；(6) 增强职业教育学制的灵活性，加强高等职业教育与普通高等教育的双向沟通；(7) 研究生教育学制增强可选择性，观照专业和学位类型的差异性；(8) 立足学习型社会，建立弹性、灵活与多样的终身学习学制。

一、我国学制和义务教育年限制度中存在的关键问题

1. 现行义务教育学制不能很好地支持青少年成长的多元性及连续性需求

实证研究表明，当代儿童发育比半个世纪前的儿童要早，智力比过去发达，在社会信息化环境下，他们吸收知识的渠道丰富多样，各年龄阶段的特征都有所变化。个体之间有差异，每个人发展的阶段性也有差异，每个学生的爱好和水平各异，学生学习的个性化、自主性、选择性受到了从未有过的重视，从而也带来了需求的多元化。而现行学制对于青少年成长的多样性和连续性要求的回应还不够，不能很好地呼应人的成长规律。

2. 现行学制弹性与可选择性不足，不能很好地实现人才培养的差序分流

当前对于学制的考量仍有计划经济的色彩，学制的一刀切特点

很明显，弹性与发展性不足。学制的一个重要功能就是分流，通过制度、课程、资源、评价等形成很好的差序分流，形成一定的差序结构。现行学制仍在沿用不断淘汰的金字塔结构，没有实现分流功能。学制的发展应与现代社会的发展相适应，具有弹性化、多样性、可选择性的特点。

3. 职业技术教育与普通教育之间贯通渠道不够通畅

目前，职业技术教育与普通教育之间贯通渠道不够通畅已成为我国学制中存在的典型问题。应该建立互相衔接、互相沟通的初级、中级、高级职业技术教育体系。同时要建立沟通职业技术教育和普通教育的立交桥，使学生有更多的选择。职业技术教育在学习年限及招生录取制度方面也要体现多样性、灵活性。

4. 高等教育的专业结构、层次结构不够灵活多样

高等教育的学制既要反映高等教育大众化的要求，又要有利于培养杰出创新人才。高等教育的层次结构、专业结构都应该在学制中有所反映。根据我国经济社会发展的现状，有必要在学制中突出应用性高级专门人才培养的地位。而目前在高等教育的学制中没有充分体现这一点。

5. 终身教育的地位没有得到很好的凸显

终身教育是现代教育的基本特征，整个学校制度应该纳入终身教育的体系。除了正规的学校教育，各种形式的继续教育，包括正规的与非正规的、长期的与短期的各种培训、训练应该在新的学制中有一定的位置。学制改革要与用人制度、劳动工资制度改革结合起来。

二、从国家战略、社会变革、学生发展和支持系统四个维度构建了学制和义务教育年限问题的分析框架

课题组在梳理了美国、英国、德国、法国、日本、新加坡等国的学制和义务教育年限制度，总结提炼了发达国家学前教育、初等教育、中等教育、高等教育和职业教育的相关经验的基础上，提出了四维度分析框架。

国家战略：在教育领域体现为促进教育均衡、提高教育质量、重构教育生态、培养创新人才。

社会变革：信息化、民主化进程中的公平与多样追求对学制改革产生了重要影响。

学生发展：学生身心发展作为前提与目标，其发展阶段、成熟水平与个体差异都影响和制约着学制改革。

支持系统：义务教育年限与学制改革对经费投入、教师人数与学校数量等供给侧的要求。

三、关于我国学制和义务教育年限的政策建议

1. 学制作为一项基本教育制度，应具有相对稳定性与动态发展性

作为一项基本教育制度，学制应具有相对稳定性。从世界各国学制改革的情况来看，学制改革通常是小步、局部调整，频繁、大

规模调整学制的做法并不常见。在学制改革的过程中，应该做好整体规划和设计，鼓励探索和实验，掌握节奏，保持政策的连续性。

学制改革必须树立动态发展的观念。在现代化、民主化与国际化背景下，应该建立一种基于明确统一的国家学制范型，而又允许不同经济、文化区域在一定程度上探索弹性化的、多样性的、可选择性的学制。

2. 义务教育年限现阶段维持不变，待条件成熟时延长至10年，其间可倡导实施学前教育1年免费教育

我国九年义务教育的普及是在比较低的起点上实现的。我国东西部、城乡差别很大，各地发展也不均衡，现阶段如何高质量地、均衡地普及九年义务教育仍然是我国现阶段面临的主要问题。未来10~15年，待条件成熟后，可考虑将义务教育向学前教育延伸1年。世界大部分国家都将学前教育作为学制系统的第一阶段，实行学前1年义务教育或免费教育是国际学前教育的发展趋势。

3. 义务教育学制从六三制适时过渡到五四制，条件成熟地区倡导义务教育一贯制

现代发展心理学与青少年社会问题研究均指出，当代儿童青少年生理与心理成熟以及智力发展尤其是抽象思维发展均有所提前。针对这一变化，建议小学从6年缩短为5年，学生提前1年进入初中，初中增加1年，这样，既能使学生更好地适应青春期变化，有利于其身心健康发展，又有利于切实提高义务教育质量。

在条件成熟地区实施义务教育一贯制，实现学段间的衔接、人才培养的连续性以及教育资源的共享。同时也允许探索多种形式的贯通机制与方式。

4. 高中阶段学制年限保持不变，不主张实行义务教育，是否免费依据各地实际情况确定

高中3年学制基本不变。由于国家劳动力人口现状以及不同地区家庭劳动力需要，强制的高中义务教育在一定程度上会影响社会与家庭有效劳动力供给。慎提将义务教育延长到高中阶段，应将重点放在义务教育的优质与均衡上。有条件的地区可以在高中阶段逐步免费，但并非将其变成义务教育。

5. 普通本科学制进一步增强弹性，推进真正意义上的学分制

普通本科教育3~5年，推行真正意义上的学分制度。伴随高等教育朝多形式、多层次、多类型方向发展，高等教育的培养目标、入学要求和学习期限也日趋多样和灵活。建议普通本科教育学制年限不变，但全面实行学分制，以制度保障学生拥有真正的选择空间，体现学制的灵活性与弹性。

6. 增强职业教育学制的灵活性，加强职业高等教育与普通高等教育的双向沟通

赋予职业学校更多的办学自主权，进一步增强高等职业教育在办学方式、专业设置等方面的多样性和灵活性，以利于对社会职业日益多样和分化做出迅速、有效的呼应。加强职业高中与高职院校、高职院校与普通大学、职业高中与普通大学之间的双向沟通，改变传统职业教育系统与普通教育系统之间的割裂状态，建立职业教育和普通教育双向沟通的桥梁。

7. 研究生教育学制增强可选择性，观照专业和学位类型的差异性

根据不同学科的培养目标，设计相应的学制方案。研究生教育主要包括以知识、理论与思想生产为职业的学术型研究生培养与学

习知识、理论与思想并转化为特定劳动能力的专业型研究生培养，而这两者中，专业型研究生培养应是主流，也更为普遍。应协调规划专业学位与学术学位培养规模，建设合理的知识生产—传播—使用链条与结构。根据前文研究，专业硕士学位以 2 年为宜，专业博士 3~4 年为宜；适当降低学术型硕士培养年限，学术硕士以 2 年为宜，学术博士 4~7 年为宜。从人才培养目标、方案等方面全面支持学制调整。

8. 立足学习型社会，建立弹性、灵活与多样的终身学习学制

打通学校教育与现行的校外教育体系，从整体上重新规划二者的功能与定位。改革高等教育入学与退出机制，以便灵活、开放地满足再次进入高校的学习需要。动员与鼓励社会力量举办各种类型的学习与培训。充分利用现代信息技术，大力发展“互联网+教育”模式，搭建各种网络学习平台，加强网络学习优质资源建设，提供无障碍学习环境。改变目前各在线学习平台之间的相互割裂、课程堆积零乱的现状，将课程规整于相应专业框架之中，并建立网络专业学习学分与专业资格认证机制，确认在线学习的有效性及其合法地位。

培养具有全球竞争力的中国人：基础教育人才培养模式的国际比较研究

彭正梅

华东师范大学

【要点】随着全球化的推进，竞争全球化和在全球竞争日益成为国际经济战略的基本出发点。培养具有 21 世纪技能的终身学习者，已经成为国际基础教育人才培养的根本目标。其人才培养模式的趋势和特征表现为：国家治理追求公平、卓越、专业、开放，强调更高层次的公平和卓越，强调在治理上的专业性和开放性；社会参与追求多元、市场、责任、技术，强调社会和市场在资源配置、人才培养上的作用；学校教育总体追求自主、创新、特色、数字化学习，强调学生高效、自主和个性化的深度学习。中国要想进一步参与甚至领导世界（如“一带一路”倡议），基础教育人才培养目标必须强调身份认同（中国人），自主行动（自我规划、负责任地行动），STEM 能力和外语能力、4Cs 能力。相应地，人才培养模式也必须进行系统全面的变革。

21 世纪以来，随着全球化的推进，竞争全球化和在全球竞争日益成为国际经济战略的基本出发点，世界各国在国际学业成就比较和技术进步的推动之下，日益把教育发展作为其全球竞争战略的重要部分，纷纷提出自己的未来教育发展战略，以期提升和维持自己的全球竞争力。基础教育作为人才培养的重要环节，日益被从终身学习和习得 21 世纪技能的角度来加以理解，其人才培养模式对于日益参与并将领导世界（如“一带一路”倡议）的中国的基础教育未来发展具有重要的政策借鉴意义。

一、国际基础教育人才培养模式的基本趋势和特点

21 世纪以来，若干重要的国际组织、国家和地区都把未来社会界定为一种知识社会，认为创新是知识社会的灵魂，强调基础教育要培养以 STEM（科学、技术、工程、数学）能力、4Cs（批判性思维和问题解决、沟通、合作、创造性和创新）能力和跨文化能力为核心技能的终身学习者，并据以提出了基础教育人才培养模式战略。其基本趋势和特点主要表现在以下四个方面。

1. 国家治理追求公平、卓越、专业、开放

国际教育及其未来规划强调更高层次的公平和卓越，强调在治

理上的专业性和开放性。第一，在公平方面，提出共同标准，缩小地方之间、学校之间和学生之间教育质量的差距，增加教育投入，确保物质保障，在资源供给上对弱势群体进行倾斜，把学前教育纳入义务教育体系。第二，更加追求教育卓越，促进学校教育特色发展，通过立法推动技术创新人才的培养（如 STEM），吸引优秀人才进入教师队伍，促进基础教育国际化。第三，强调一种开放的教育治理，在教育决策中引入不同的行动者，甚至引入国际力量，提升教育治理水平。

2. 社会参与追求多元、市场、责任、技术

国际教育越来越相信社会和市场在资源配置、人才培养上的作用。第一，在参与主体上，强调不同行动者的责任和参与，强调教育的多元供给。第二，在办学途径上，强调校企合作、社区合作、家校合作、科教合作以及基础教育与高等教育合作，强调社会和市场为学校教育提供专业服务，减轻学校教育不必要的负担。第三，强调社会和市场为学校教育人才培养提供教育试验、教育标准、第三方评估和监督。第四，利用信息通信技术和互联网技术，促进泛在学习和非正式学习，模糊制度化的学校教育与生活和职业之间的界限。

3. 学校教育总体追求自主、创新、特色、数字化学习

学校是基础教育人才培养的专业基地，是 21 世纪以来教育改革关注的重点。基础教育人才培养的高层次的公平和质量在于学校之内，而非学校之外。给予学校相对的创新的自主，建设富有特色的、数字化的且对外开放的学校，以满足学生在技术上日益可能实现的个性化学习需求，是未来人才培养的基本趋势。

4. 学校教育内部的基本趋势表现

在学习方面追求自主学习；在课程方面追求 21 世纪核心能力

导向；在教学方面追求以学习者为中心；在教师方面追求信任但要监测；在评价方面追求全面性、全程性与发展性；在管理方面追求创新的领导力；在边界方面追求学校教育与社会泛在学习、非正式学习的相互补充。

二、我国基础教育人才培养模式存在的问题

世界在变化，我国基础教育人才培养模式也要变化。从国际趋势来看，我国基础教育人才培养模式还存在不少问题。第一，人才培养目标不适应我国发展战略，不具有国际性的现代色彩和未来指向。第二，政府对基础教育人才培养的治理缺乏专业性，行政化倾向明显，学校自主权不够，限制了基础教育人才培养模式供给和发展的空间。第三，社会在参与基础教育人才培养模式方面缺乏保障和动力，在教育试验和供给上的潜能有待进一步激发，教育选择不多，不利于学生的个性发展。第四，学校管理办学模式单一，课程选择性和层次性不够，缺乏办学活力和创造力。第五，教育技术所蕴含的潜力没有得到充分挖掘，并未推动学习方式的革命。

我们的教育难以培养 21 世纪个体成功生活和社会良好运转所需要的工程技术能力、外语能力、高阶思维能力和自主行动能力。这就要求我们的教育改革瞄准全球竞争和国际基础教育人才培养模式的战略，锻炼和磨砺作为全球竞争通用“货币”的 21 世纪技能。

因此，在我们学业成绩总体表现良好、主要教育指标已达到中等发达国家的 21 世纪的今天，我国应该将战略集中在培养具有全球竞争力的中国人这一较高目标上。这个目标包括四个维度：第一

个维度是身份认同（包括文化认同、国家认同和国际理解）；第二个维度是STEM能力和外语能力；第三个维度是4Cs能力；第四个维度是自主行动能力。

三、培养具有全球竞争力的中国人的对策建议

要培养具有全球竞争力的中国人，我们建议：

（1）建立以法治为基础的、责权相称的治理体系。加强教育治理的国际共通性，引入多元的行动者，建立公平的竞争机制，鼓励不同的教育试验和创新，满足人们多元化的选择需求。坚持义务教育均衡发展，保障每个学生成功；坚持高中教育差异发展，保障个性化的成才机会。

（2）从行政管理为主转向资源保障和专业支持为主。加大教育投入，扩大学校自主权、经费使用权，提升教师待遇和工作尊严，提供发展机会。把学前教育纳入义务教育体系。开办满足学生个性化需求的特色项目和特色学校，促进天赋儿童的成长，促进弱势群体、资优生的发展。启动中国版本的STEM教育计划。改善信息化技术方面的基础设施，消除数字鸿沟，以信息化的专业支持推动教育现代化。

（3）提升基础教育的国际维度。参与具有国际可比性的教育质量监控。通过项目方式或通过国家级、省级在线方式开设全英文课程，尤其是数学、科学、技术等学科的全英文课程，供学生选择参与。尝试建立1000所实施双语教学的高级中学。促进学生出国交流和教师出国研修。

（4）促进参与主体多元化，推动教育资源市场化配置、教育服务的市场化供给和第三方评估。将市场机制引入教育领域，促进教育竞争，满足多样化和个性化的教育需求。

（5）建立有技术支撑的学习化社会和教育创新环境，降低教育成本，增加教育供给。提供场馆学习、在线学习等非制度化的学习机会，支持泛在学习和终身学习，为青少年提供可替代的学习与教育模式。

（6）尊重、激发和保持学生的学习热情，促进自主和个性化学习，培养其自我管理能力、领导力和企业家精神。寻求不同途径，如心理测试、选拔测试、课程模式、不同学校类型和专门的促进中心，促进天赋儿童发展。

（7）加强课程的丰富性、层次性和选择性。开设创业课程和学生领导力课程，高中阶段开设高阶思维及方法课。把社会、科技发展的前沿主题引入课程，激发问题意识和探索精神。

（8）加强以技术为支撑的课程开发。开发电子学习材料和多元化的学习环境。推进项目学习，在所有课程中贯穿高阶思维能力的培养。

（9）加强国家认同和国际理解课程。加强高中的国学课程和全球研究课程，使学生能够反思性地忠诚于自己，并反思性地向外开放，具有全球公民意识，培养团队意识和共享的核心价值观。

（10）设置STEM综合课程，加大工程、技术、计算机应用课程的比重。STEM教育应该从幼儿园就开始，让儿童从小学习工程思维和工匠精神。

（11）教学方式、策略的多样化，照顾儿童的多元需要和天赋差异。加快和扩展技术与教学的融合，发展在线教学，为学生的学习提供技术支持，优化和革新学生的学习方式。

（12）提升教师的专业品质。设置更严格、更高的教师教育能力标准。教师教育课程要强化计算机应用、脑科学和心理科学的学习。

（13）推行全程性、全面性的发展性评价。使评价有利于不同天赋儿童的成长，实现其最大潜能。增加评价的多样性，加强真实性评价的运用。

（14）加强对学生发展的指导。加强对学生学业、未来职业想象与规划、心理健康的指导，并为其提供咨询服务，帮助他们识别自己的兴趣，在个体学习和升学选择上给予充分指导。

（15）让优秀的领导者管理学校。建设健康、合作、积极向上、错误受到欢迎的学校文化和学习文化，使儿童免于忧虑、恐惧和精神创伤。建立制度，促进企业、社会组织、家长和学生等参与学校治理。打造数字化学习环境，为学生不同的学习提供支持。

我国基础教育软环境发展现状及对策建议①

吴瑞君　倪　波

华东师范大学　上海密思根营销管理咨询有限公司

【要点】 教育软环境，指由学校管理者的领导风格和管理方式、学校硬件水平、学生家庭教育方式等因素共同营造的可促进或抑制师生发展的文化生态氛围，以教师敬业状态、学生乐学状态等指标作为关键评量指标。近年来，我国政府持续推进义务教育均衡化发展，各地中小学硬件环境建设已取得长足进步，以学生为中心、关注学生发展的创新教育理念正逐渐取代以教师为中心、聚焦考试成绩的应试教育理念，但教师职业倦怠，学生缺乏学习动力、身心亚健康、个性得不到尊重、个人优势得不到充分

① 本研究采用在线问卷调查方法，对全国16个省、区、市近100所中小学校的软环境发展状况进行了实证调研，获得了合计3310名教师、20109名小学生、20539名中学生（包括初中生和高中生）调查样本数据。

发挥等诸多受制于教育软环境的问题仍比较突出，迫切需要教育管理者转变观念，利用大数据平台动态监测学校软环境质量，建立多层次教师激励机制，构建软环境支持体系，持续改进我国基础教育发展软环境。

一、我国基础教育软环境发展状况

课题组借鉴国际管理咨询界评价工作软环境质量和中小学生乐学状态的相关思路和方法，设计了《中国基础教育软环境发展指数》，包括《学校软环境效能指数》《中学生成长希望指数》《小学生乐学状态指数》三个指数模块，经过实证调研，得出了以下主要结论。

1. 总体来看，我国学校软环境呈现良好状态，但近一半的教师敬业水平不高，中部地区教师更为明显。教师社会地位与敬业水平呈正相关，权威型与高压型校领导不利于提升教师敬业水平

被调查样本学校整体软环境效能指数值为44.2①。教师敬业状况是评价软环境效能的关键指标。这一指标及其变动具有以下特征。

第一，各地区教师敬业水平差异较大，中部“塌陷”拉低了教师敬业水平整体均值。调查数据显示，处于“非常敬业”“比较敬

① 学校软环境效能指数=（敬业教师人数百分比-消极懈怠教师人数百分比）*100，取值范围为-100~+100。指数值为正，表明学校教师正能量占优；指数值为负，表明学校教师负能量超过正能量。

业”“一般从业”和“消极懈怠”状态的教师分别占 21.0%、29.8%、42.6%和6.6%，四种状态结构比例及指标解释如图 1 所示。分地区考察，东、中、西部地区，一般从业和消极懈怠等非敬业型教师所占的比例合计分别为 45.3%、60.5%和 56.8%，区域之间差异较大，中部地区教师敬业水平“塌陷”现象较为明显（见图 1）。

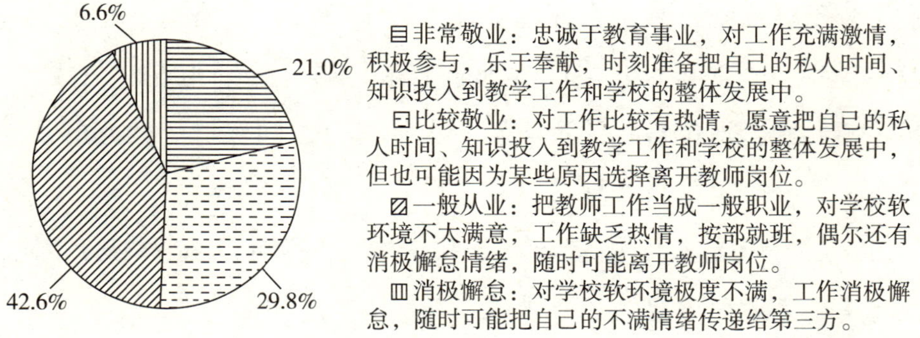

图 1　教师敬业状态与指标解释

第二，权威型与高压型校领导比例过高，不利于提升教师敬业水平。调查数据显示，民主型和亲和型校长治校下的教师敬业水平得分较高，分别为 82.1 和 80.9，高压型与权威型校长治校下教师敬业水平得分相对较低，分别为 61.5 和 76.0，说明中小学校长个人领导风格直接影响教师的敬业状态。而现实中的权威型和高压型领导比例分别为 33%和 11%。数据显示，抑制教师敬业状态最突出的三个问题是：在学校没有机会做自己最擅长的事；工作出色却很难得到领导或同事的赞扬；自己的意见无法得到领导或同事的重视。由此说明，教师的专业意见和专业行为没有被学校重视，专业决策参与度不高，个人才干优势没有得到充分发挥是导致敬业水平不高的重要原因。

第三，在提升教师敬业水平的要素上，工资待遇遵循明显的边际效用递减规律，但敬业水平与教师社会地位呈明显的线性正向相关。教师自评收入水平五个等级（低、中低、中等、中高和高）对应的教师敬业水平得分分别为70、75、79、83和71，即收入水平在达到中高收入之前，与敬业水平得分之间呈线性关系，收入水平自我评价越高，敬业水平得分越高，但越过中高收入之后，敬业水平得分不升反降。教师自评社会地位五个等级（非常低、较低、一般、较高和非常高）对应的教师敬业水平得分分别为63、70、77、86、93，社会地位自我评价与敬业水平得分之间保持了较好的线性关系，即社会地位自我评价越高，敬业水平得分越高。

2. 中学生成长希望指数①较高，但学生学习的整体动力不足，仅有一半左右的学生处于乐学状态

调查数据显示，中学生成长希望指数综合值为79.5，表现良好。将中学生对未来的信心分为信心强、一般和信心弱三种类型，并跟踪其比例变化趋势，将其作为学校评量学生整体学习动力变化趋势的重要参考。调查数据显示，在对未来的信心指标上，被调查的中学生中，信心强、一般和信心弱三种类型的学生分别占57.3%、36.3%和6.4%（见图2），表明中学生整体学习动力仍比较弱。

---

① 《中学生成长希望指数》量表设计参照了美国盖洛普的学生测验调研方法，包括对未来的信心、乐学状态和身心健康3类指标共20个问题。指数综合值为所有指标得分总和，最小值为20，最大值为100。

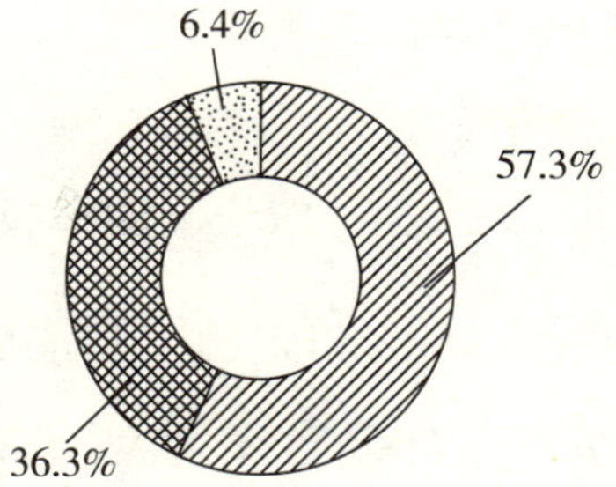

▨信心强：对前途充满信心，生活充满希望，学习动力足，有足够的能力实现自我发展的目标。

⊠信心一般：对前途缺乏信心，学习动力不足，没有足够的能力实现自我发展的目标。

⊡信心弱：对前途感到沮丧，学习动力缺失，个人没有办法取得令人满意的成绩，心理上渴望他人关心和帮助。

图 2　中学生对未来的信心状态

“乐学状态”是指中学生主动投入学业和热爱学校生活的情绪状态。调查显示，中学生中大约一半（50.2%）处于积极的乐学状态，另一半未能积极投入学业，其中 12.5%的人更是处于厌学状态(见图 3)。

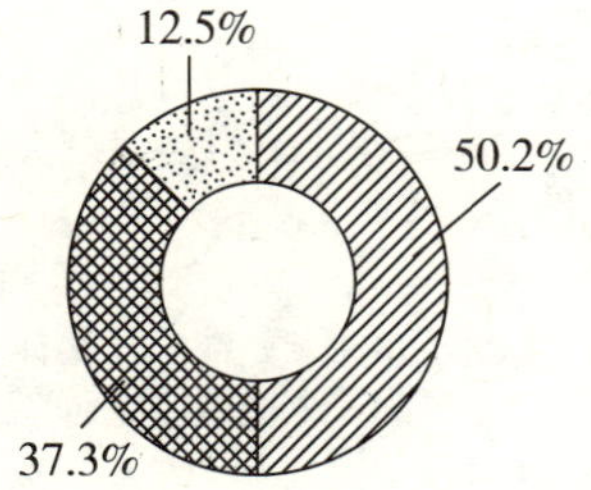

▨乐学：喜欢学校生活，积极投入学校的各项活动，对学习也充满热情，经常主动帮助他人。

⊠一般：不喜欢但也不讨厌学校生活，每天按部就班重复上学和放学程序，缺少机会展示个人优势，对学校的各项活动缺乏参与热情。

⊡厌学：厌倦甚至讨厌学校生活，只要有机会不上学，就会如释重负。长此以往，这种消极情绪会直接导致主动逃学、撒谎或其他极端消极情绪和行为。

图 3　中学生乐学状态

造成学生不乐学的原因是多方面的，其中，学生个人潜能优势在学校未得到充分发挥是主要原因。调查显示，仅有 24%的中学生完全认同自己在学校有机会做自己最擅长的事情。

3. 相当一部分中学生处于挣扎、痛苦和身心亚健康状态

身心健康指标反映学生身心愉悦程度，分为努力、挣扎和痛苦三种类型。调查显示，仅有54.5%的中学生处于愉悦的积极向上的努力状态，37.2%的学生处于困惑的挣扎状态，8.3%的学生把学习当作一种痛苦（见图4）。学生之所以把学习当作痛苦，通常与课业负担过重、家庭教育存在误区以及学生的个性优势得不到他人尊重等因素有关。

综合中学生乐学状况与身心健康调查数据，说明表面上的乐学并没有带来积极的学习生活状态，而是以学生身心亚健康为代价。

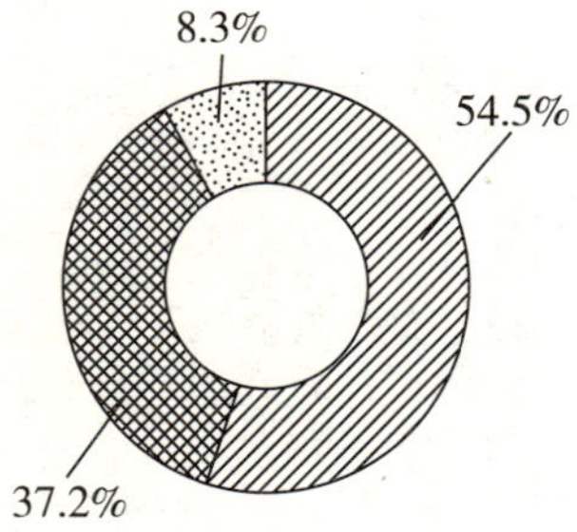

▨努力：能充分感受到他人对自己的尊重，拥有持久的愉悦心境，有足够的动力去做一些有意义的事情，遇到困难也不担心没人帮助。

⊠挣扎：经常被老师和家长忽视，自己的想法得不到他人足够的尊重，没有足够的动力去做一些有意义的事情，偶尔会有无助感。

⛆痛苦：经常被老师、家长和同伴责难，几乎体验不到他人对自己的尊重，心情压抑，有比较强烈的无助感。这类学生如果一直处于“痛苦”状态，将严重影响他们的身心健康。

图4　中学生身心健康状态

4. 小学生整体积极乐学，但安全感、身份感和能力感仍有待加强

调查显示，小学生乐学状态指数综合值为80.9（满分为100），地区间差异较小。进一步分析小学生的乐学状态，64%处于非常积极的乐学状态，比较积极占25%，两项合计接近90%（见图5）。

小学生乐学状态指数重点关注小学生成长过程中最基本的五种

心理需求，即安全感、归属感、身份感、能力感和目标感的满足程度。归属感、目标感得分比较高（均接近 90，满分为 100），但安全感、身份感、能力感三项指标得分偏低（见表 1）。

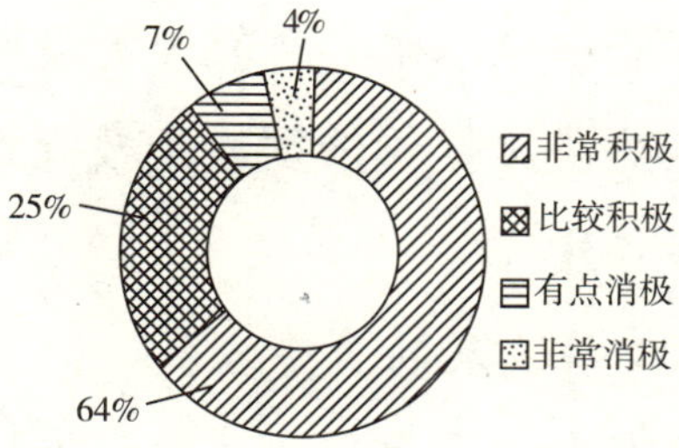

图 5　小学生乐学状态指数

表1　小学生“五感”状态人数比例及综合得分

	非常消极	有点消级	比较积极	非常积极	得分
安全感	4%	11%	31%	54%	74.8
归属感	3%	2%	16%	79%	89.0
身份感	4%	15%	21%	61%	76.1
能力感	3%	5%	44%	47%	75.1
目标感	4%	2%	13%	81%	89.4

注：因四舍五入，比例数据总值可能不等于1。

89%的小学生处于非常积极或比较积极的乐学状态，但小学生的学习目标感过强，学习过程中安全感和身份认同较弱，能力获得感也不强。这表明当前小学生的学习仍过于功利和短视，学习过程中强制胜于主动，导致安全感不高；被动胜于自主，所以身份认同很弱，在学习中找不到自己；知识的获得胜过能力的习得，掌握了很多知识，但能力感不足。

二、我国基础教育软环境发展的关键及对策建议

1. 构建基础教育软环境评价指标，利用大数据平台动态监测学校软环境质量

一是完善并优化由教师敬业状态、学生未来发展信心及乐学状

态、身心健康等指数构成的学校教育软环境指标体系，并将其和学业分数、升学率等硬指标同时列入学校发展质量考核系统。二是利用各级大数据信息化平台，以及创建专门的在线调查平台，建立全国和各省份的教育软环境数据库，动态监测我国基础教育软环境现状及趋势。三是根据动态监测数据，编制中国基础教育软环境发展年度报告和中西部专题报告，为教育宏观决策提供依据，为教育管理者、教师和家长提供积极干预的参考和建议。

2. 聚焦“关键少数”，着力构建软环境发展的支持体系

一是从作为“关键少数”的校长队伍的选聘和管理入手，加快建立职业校长发展制度，培育专业治校、民主治校的制度环境。二是聚焦骨干教师的才干优势，发挥榜样与示范效应，营造人性关怀、互助协作、扬长避短、取长补短的组织文化氛围和育人环境。三是指导中西部地区建立以专业能力为主要依据的校长选任制度，制订和完善校长任期制和目标考核机制，逐步提高校长的专业认同和教学领导能力。

3. 建立多层次教师激励机制，提升教师的专业认同和敬业水平

一是教育主管部门减少对学校教学的行政性检查和评估，花大力气建立专业导向的教师评估体系。二是鉴于收入增加对教师敬业水平的提升具有边际效应，在加大教师薪酬的财政投入的同时，大力彰扬敬业爱岗教师的榜样作用，对不同职业阶段的教师，采取加薪、给予荣誉、提升职业地位等阶梯式差异性激励措施。重点关注中部教师敬业状态“塌陷”现象，加强教育资源配置，充分调动教师工作积极性。三是将建立学校教师公共文化空间列入学校硬件“标配”，为教师的精神交流、文化共享、专业互动提供物质条件。

4. 坚持以学生为中心，推动乐教与乐学融合发展，全面改善学生的乐学状态

一是国家层面应继续大力推动新高考制度改革，以考试改革推动教育理念和教育方式转变。鼓励大学心理和社会工作等相关专业培养指导学生发展的专门人才，并培育与学业培训机构平行的学生发展专业指导机构，建立“软硬实力建设”的专业保障。二是省份等地方层面应督促基层学校在日常教学活动中充分尊重学生的个性差异，鼓励学生发展优势，充分激活学生的内在学习动力，提高学习积极性和主动性。三是学校层面应将改善教师的敬业状态作为软环境建设的优先目标，以乐教带动乐学。同时通过开展主题教育、社会实践、志愿服务、校园文化等活动，将素质教育与科学素养的提升及兴趣培养有机结合，全面改善学生的乐学状态。

振兴乡村教育亟待破解的三大难题及对策建议

张彩云

中国教育科学研究院

【要点】 乡村振兴战略的实施离不开乡村教育的振兴。当前乡村教育发展主要面临三大难题：一是乡村教师队伍结构性矛盾突出，教师整体素质有待提高；二是乡村小规模学校发展面临诸多困境，教育质量堪忧；三是乡村教育与乡村生活联系不紧，传承和发展乡村文化的作用有待加强。振兴乡村教育，需要深入推进管理体制改革，强化培养培训，全面提升乡村教师队伍能力水平；需要进一步优化资源配置，制定办学标准，全力建设小而美、小而优的乡村小规模学校；需要乡村教育主动融入乡村文化，构建学校、村落、家庭一体化发展体系。

党的十八大以来，党中央、国务院高度重视乡村教育，先后发布了《关于实施教育扶贫工程的意见》《乡村教师支持计划（2015—2020年）》《国务院关于统筹推进县域内城乡义务教育一体化改革发展的若干意见》等一系列政策文件，各地也制定了相应的配套政策，乡村学校的硬件设施明显改善，教育教学质量逐年提升，乡村教师的获得感、幸福感不断增强。党的十九大报告进一步提出实施乡村振兴战略，对优先发展教育事业进行了全面布局。加快推进教育现代化，短板在乡村教育，其中，如何优化教育资源配置以提升乡村教育质量、如何办好小规模学校以满足人民群众需求、乡村教育如何与乡村文化融合以更好助力乡村振兴战略，这是当前面临的三大突出问题，需要下大力气解决。

一、乡村教育发展面临的突出问题

1. 乡村教师队伍结构性矛盾突出，教师整体素质有待提高

《乡村教师支持计划（2015—2020年）》实施以来，各地采取有力措施，努力提高乡村教师待遇，培养和补充乡村教师。调查表明，乡村教师总体工作满意度处于中上水平，其中自我发展满意度最高。但乡村教师结构性矛盾问题仍然突出。一是年龄结构矛盾。乡村教师大多年龄偏大，教师平均年龄在50岁以上的学校偏多，年轻教师补充困难。二是学科结构矛盾。音乐、体育、美术、英语、信息技术等学科教师严重短缺，学非所教问题突出。三是教师超编缺人的矛盾。按照生师比计算，很多乡村学校教师表面上超编，但以班师比计算，实际上缺编。尤其是随着“全面二孩”政策

落地，育龄期女教师增多，学校教师严重不足，很多学校不得不聘请代课教师，有的地方甚至挪用生均教育经费和教师培训经费来支付代课教师工资。

乡村地区大多偏僻闭塞，交通、生活不便。近年来，国家和地方采取多种措施，保障教师“下得去”，但“留得住”和“教得好”仍面临巨大挑战。调研显示，受地方财政经济状况水平影响，乡村教师生活补贴最低为300元，最高为1600元，区域差异很大，存在“中部地区凹陷”现象。有些地方没有教师周转房，学校把废弃的教室用作教师宿舍，教师生活面临较大困难，难以吸引优秀教师扎根乡村，乡村学校沦为城市教师的“培养基地”和晋升的“跳板”。另外，由于乡村教师年龄较大、学历偏低，普遍缺乏自我发展动力。调研显示，教龄在20年以上的乡村教师，有7%左右几乎不学习，也很少开展教研活动。乡村教师培训的层次较低，绝大多数为县级以下培训，少有省级和国家级培训。很多培训内容缺乏针对性，教师素质难以得到真正提升。

2. 乡村小规模学校发展面临诸多困境，教育质量堪忧

随着城镇化不断推进，人口流动日益加剧，小班、小校，甚至是空壳学校逐渐成为乡村教育的重要形态。截至2015年，全国共有乡村学校（包括村小和教学点）200199所，其中不足100人的乡村小规模学校111420所，占乡村学校总数的55.7%。乡村小规模学校是乡村教育最薄弱的环节，是实现教育现代化必须要啃的“硬骨头”。当前乡村小规模学校还存在小而差、小而弱等问题，发展面临诸多困境。

一是资源配置不足。硬件设施设备短缺。部分小规模学校校舍始建于20世纪八九十年代，还存在危房问题，安全隐患大；教学

仪器设备达标率总体较低，图书资料匮乏；信息化水平落后，既无校园网，也无宽带接入。师资配置薄弱。教师普遍存在“四低”现象：骨干教师比例低；教师学历层次低；音乐、体育、美术等学科教师比例低；青年教师比例低。

二是地方政府、学校管理者和家长存在“三怕”思想，发展信心和动力不足。随着城镇化步伐加快，乡村学校向城镇集中的趋势仍在继续，很多乡村空心化，留守儿童、留守妇女、留守老人“三留守”问题严重，小规模学校实际招生人数不足已是不争的事实。地方政府怕人口流动快，投入效益低；校长和教师怕学校被撤并，未来无着落；家长怕教学质量差，孩子无前途。“三怕”思想让地方政府和学校管理者对小规模学校发展持观望态度，既不愿投入资金改善办学条件，也无主动发展的愿望，主动不作为，任学校“自生自灭”。

三是教学质量缺乏保障。由于小规模学校办学条件较差，教师任教专门化程度低，不同程度地存在国家课程开设不齐、学时不足的现象，教学质量普遍不高，难以深入实施素质教育。同时，乡村小规模学校绝大部分学生是留守儿童，家庭教育缺失，学生成绩普遍较差，厌学现象突出，部分学生存在心理和行为问题。

3. 乡村教育与乡村文化剥离，未能充分发挥传承和发展乡村文化的重要作用

广大乡村地区孕育着丰富的乡村文化，乡村学校是乡村文化的守门人，应该在传承和发展乡土文化中发挥重要作用。振兴乡村，必须振兴乡村学校；学校振兴，必须反哺乡村乡民。

当前乡村教育与乡村文化联系不紧，乡村文化在乡村教育变革中渗透不足。一是乡村教育特色不鲜明。乡村教育发展基本上模仿

或者照搬城市教育模式，乡村学校与村落分离，教育内容与乡村生活脱离，乡土文化遗产和民间艺术面临流失的危险。二是乡村教育评价趋同。当前的教育评价存在明显的城乡同质化倾向，乡村教育的评价标准是城市教育标准的移植，忽视了乡村教育的独特存在，忽视了乡村学校的个性化、特色化发展。三是乡村教师孤立于乡村之外，乡村儿童缺乏乡土认同。由于乡村教师来源多样，很多教师乡土文化素养先天不足，工作活动范围仅限于学校，难以融入当地乡村生活。乡村儿童缺少乡土文化的深层滋养，本土性知识缺失，乡土情感淡漠。

二、大力振兴乡村教育的对策建议

实现教育现代化，必须办好乡村教育。建议实施《乡村教育振兴计划》，加强顶层设计，针对乡村教育发展的问题和难点，不断突破体制机制障碍，同步一体推进城乡教育现代化。

1. 深入推进管理体制改革，强化培养培训，全面提升乡村教师队伍能力水平

一是加强省级统筹，不断提高乡村教师工资待遇。改变“以县为主”的管理体制，解决教育经费供给重心过低、城乡和区域之间教师待遇差别过大等问题，科学统筹、合理确定各级政府财政分担的比例。根据不同地域学校的边远指数和艰苦程度，制定差异化的补助政策，将政策资源和红利送到最边远、最艰苦的乡村教师手中。同时应构建乡村教师支持对象的动态调整机制。充分利用教师管理数据库资源，将补助金和优惠政策精准到校到岗，做到动态管

理。对乡村教师岗位任职年限进行累计，实施工资待遇、职称和荣誉累进制度，激励乡村教师扎根乡村，长期从教、安心从教、舒心从教。

二是系统深入总结各试点地区经验，形成乡村教师培养、补充、流动的新机制。目前，各地采取多种措施培养和补充乡村教师，推动教师交流轮岗，形成了很多优秀案例，积累了丰富的实践经验，如广西的农村小学全科教师定向培养计划、湖南的农村小学教师定向培养专项计划、山东的免费师范生全科教师培养计划等。这些改革实践大多遵循“从哪里来到哪里去”的原则，大力培养本土教师，以灵活的学制、优越的条件和就业保障吸引优质生源，同时注重全科教学能力和实践能力的培养，为教师培养和补充提供了有益经验，这些经验需要深入总结和逐步推广。同时进一步扩大“县管校聘”管理体制改革试点，切实推动教师、校长交流轮岗，为乡村教育提供优质师资保障。

三是尽快实施乡村青年教师成长支持计划。高学历青年教师是乡村教育的未来，他们大多都有强烈的学习和发展愿望，而受制于乡村贫乏的学习资源，往往缺乏交流和有效的指导。应高度重视青年教师职业发展，尽快实施乡村青年教师成长支持计划。地方政府和学校要切实关心青年教师生活，为他们提供良好的生活保障，同时要搭建平台，给予他们更多、更灵活的专业发展机会。可采取高校订单式培养、名师结对帮扶、创建“互联网+乡村教育”等多种模式，打破时空限制，有效提升青年教师专业素养。

2. 优化资源配置，制定办学标准，全力建设小而美、小而优的乡村小规模学校

联合国教科文组织指出，全世界各国无论其经济社会发展水平

如何，都拥有大量乡村小规模学校。尽管它们的数量逐渐减少，但它们是满足偏远地区学生教育需求的重要方式，这类学校在未来将继续存在。综观世界各国小规模学校的发展，基本都经历了撤并期—保留期—发展期，乡村小规模学校发展是一项长期的艰巨任务。

一是优化资源配置。解决小规模学校问题的关键在于转变教育资源的投入方式，由注重生均意义上的投入公平向保证每一个学生获得的教育服务均等转变，充分考虑乡村小规模学校的发展特点和现实需求，单独制定乡村小规模学校资源配置标准。建立以班级数量为基础、适当考虑学生数量的教育经费配置模式，根据学校实际需求，将班师比和生师比相结合，科学核算教师编制。

二是制定小规模学校办学标准，提升办学质量。在城乡一体化发展的背景下，应统筹协调减少城镇大班额、建设寄宿制学校和改善乡村小规模学校的关系。建立小规模学校办学标准，遵循就近入学、儿童优先、百姓满意的原则，统筹考虑学龄人口变化、全面课程实施、教育质量提升等因素，合理调整学校布局。扩大全面改善贫困地区义务教育薄弱学校基本办学条件项目对乡村小规模学校的覆盖面，大力推进小规模学校办学硬件条件标准化建设。设立小规模学校教师专项培养计划，创新复式教学、互联网+教学等教学方式，不断提升教学质量。

三是建立小规模学校发展联盟，促进教育资源共享。区域内或区域间地理位置较近的小规模学校建立联盟，改变“孤岛”状况，集中开展活动，共享教育资源。联盟校可利用互联网平台共享优质课程，进行线上培训，分享教育经验，开展线上教研，形成区域教师成长共同体，共同推动小规模学校发展。

3. 乡村教育主动融入乡村文化，构建学校、村落、家庭一体化发展体系

早在 20 世纪初，陶行知先生就曾强调，“乡村教育政策是要乡村学校做改造乡村生活的中心，乡村教师做改造乡村生活的灵魂”。乡村需要属于乡村的教育，属于乡村的教育需要以乡土文化浸润儿童心灵，培养“有根人”。

一是增强学校传承和发展乡土文化的责任与使命。加强对乡村文化价值重要性的认识，明确乡村学校在传承乡村文化、助力乡村建设的责任和使命。赋予乡村学校充分的办学自主权，使乡村学校能够根据其生存的自然环境、村落的文化环境自主开发和实施乡土教学活动。二是将乡土文化融入课程教材。各地应制定课程设置和教材编制标准，力求乡土教育制度化。组织编写有关地方史志、地方知识技能、地方文化艺术和人文地理等方面的乡土校本教材，使教学活动体现地方特色、民族特色和群众需求。三是推动学校、村落和家庭互动协同发展。乡村教师要了解村落中深厚的历史文化，涵养乡村情感，与村民积极互动；通过开展多种活动，与村落和家庭相融相通，共同为儿童营造健康成长的文化精神场域；强化儿童的乡土认同，培养儿童热爱乡土的情怀，树立奉献乡村的理想。

普及高中阶段教育背景下普职结构优化的政策建议

刘丽群

湖南第一师范学院

【要点】普及高中阶段教育是当前我国教育改革与发展的战略重点，普通高中教育与中等职业教育作为高中阶段教育的双翼，两者如何科学配比，直接关乎普及高中阶段教育目标的如期实现。自 20 世纪 80 年代以来，我国主要以普职规模的大体相当为政策抓手来推进高中普职结构的优化。但随着经济水平的提高、产业结构的调整、人才需求的升级、高等教育大众化以及高中阶段教育普及进程的推进，我们需慎重考虑高中普职规模大体相当政策的长远推进，适时推进区域内高中普职比例的弹性实施，着力加强中职教育自身的转型升级，积极探索并实践高中普职教育的相互融通。

党的十八大首次提出基本普及高中阶段教育，十八届五中全会进一步做出普及高中阶段教育的战略决策，十九大报告则再次重申“普及高中阶段教育”。可见，普及高中阶段教育是我国当前及未来一段时间的国家发展战略。众所周知，我国高中阶段教育主要包括普通高中教育与中等职业教育，两类教育就像车之两轮、鸟之两翼，缺一不可。因此，普及高中阶段教育并不等同于普及普通高中教育，还必然包括中等职业教育。那么，如何实现两轮并驱、双翼齐飞，是高中阶段教育普及进程中的关键之关键。我国自20世纪80年代调整中等教育结构以来，主要采取的是普职规模大体相当这一政策主线，以此来推进高中普职结构的优化，实现普职教育的协调发展。应该说，该政策的全面推进和有效落实，结构性地扭转了中等教育的失衡局面，较好地回应了经济发展对人才的急切需求。但高中普职结构并不是恒定的，它会明显受到经济发展水平、人才需求状况、高等教育入学率和高中阶段教育普及率等诸多因素的影响与制约，当这些变量发生变化时，高中普职结构也必须随之而变。

一、影响高中普职结构的主要变量分析

1. 经济发展水平

一般而言，在经济发展水平的较低阶段，对中低端技术人才的需求会比较旺盛，这直接刺激了高中阶段中职教育的发展，而随着经济发展水平的提高，普通教育会得到更多的青睐。对经济合作与发展组织（以下简称 OECD）国家 1996—2015 年间经济发展与高中普职结构的相关数据分析表明：2/3的 OECD 国家的人均国内生

产总值（以下简称 GDP）保持了增长，剩下的 1/3 保持了稳定。而在此期间，其普通高中在校生和毕业生比重均得到了显著提升（见图 1），其中有近四成的国家呈现大幅增长（增幅超过 10%），有 5 个国家的增幅接近或超过了 20%。随着经济发展水平的不断提高，各国普通高中的招生比重在不同程度地提升。相比而言，即使在素以职业教育著称的德国、英国、法国、意大利、丹麦和瑞典等国，中职比例也在不同程度地下降。

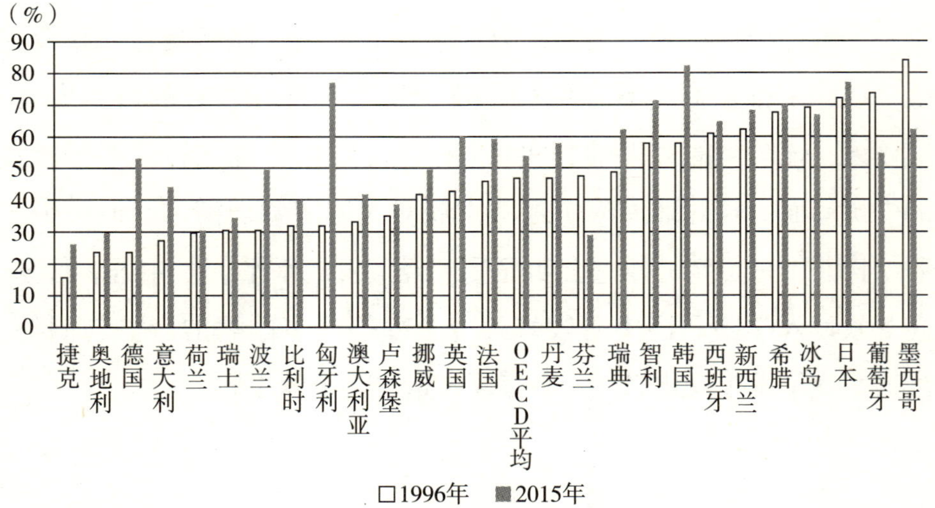

图 1　OECD 国家 1996 年与 2015 年普通高中在学人数比重变化

2. 人才需求状况

世界银行提供的资料显示，到 2025 年，欧洲高技能工人占技能人才总量的比例将由目前的 31%增加到 38%，低技能工人的比例将从目前的 22%降至 14%。在美国，到 2025 年，大部分就业机会的增长主要在商业和服务业领域，并且都需要高技能资质。而在中国，1986—2010 年间，第一、第二、第三产业的就业人口比重分别由 60.9%、21.9%和 17.2%变为 36.7%、28.7%和 34.6%。《国家中长期人才发展规划纲要（2010—2020 年）》预测显示：2015 年和 2020 年高技能人才需求将分别比 2009 年增加约 540 万人和 990 万人（不含存量缺口 440 万人）。如果说，对初、中等技术人才的急迫需求是中职得以发展和扩张的基础动因，那么，随着经济发展与产业转型升级对高端技术人才的需求日益迫切，具备高超技能、良好理论和技术知识素养，一专多能的高技能人才将成为新时代背景下人才队伍的需求主体，这需要我们重新思考和定位中职教育。

3. 高等教育入学率

当高等教育入学率较低时，高中学历成为相当一部分学生能够获得的最高学历。在此前提下，中职更容易受到家长和学生的追捧。正如 OECD 的统计资料所显示：在以高中教育为最高学历的毕业生中，中职毕业生比普通高中毕业生的就业率更高（中职就业率为 78%，普通高中为 67%），同时失业和待业率更低（中职失业率为 7.7%，而普通高中为 8.3%）。简言之，当一国高等教育入学率较低时，保持较高的中等职业教育比重不论对求职者、劳动力市场还是经济发展而言都是必要的、有益的。但随着高等教育入学率的提高，越来越多的学生将在完成高等教育之后才进入劳动力市场。在此背景下，中职教育所具有的直接面向就业的优势逐渐淡化，而缺乏学术性的弊端则愈发凸显，其毕业生在未来的升学和就业中均存在着后劲不足的问题。高等教育入学率的上升，一定程度上会加大人们对普通高中的倚重与偏爱。数据显示：在 2005—2014 年间，OECD 国家高等教育毛入学率的平均值由 60%提高到 70%，其普通高中所占比重的平均值也由 50%升至 56%；在 13 个高等教育入学率增幅超过 10%的国家中，有 9 国的普通高中所占比重呈上升趋势

（增幅超过 5%）。在我国，2020 年高等教育的毛入学率将达到50%，高中阶段的普职结构急需调整。

4. 高中阶段教育普及率

1993 年之前，我国高中阶段的毛入学率未超过 30% ，高中教育虽然属于基础教育阶段，但不可避免地带有精英色彩，而基础教育的基础和重心在义务教育。而按照国家战略部署，到 2020 年，我国将全面普及高中阶段教育，即全国各省份高中阶段教育毛入学率都达到 90%以上。事实上，目前全国已有 20 多个省份的高中阶段教育毛入学率已经超过 90%，北京、上海等都达到 95%甚至更高。可以推测，随着高中阶段教育的全面普及，基础教育的重心开始从义务教育整体性上移到高中教育，高中阶段教育的定位将逐步从精英迈向大众、从专业走向通识，从面向少数人的高中转变为面向多数人的高中直至面向所有人的高中。这意味着，高中阶段教育的基础性将进一步凸显，通识性将进一步增强。在此意义上，中职如果继续定位为培养一技之长的终结性教育，其发展的空间和可能必然大打折扣。

二、我国高中阶段教育普职结构优化的建议

1. 慎重考虑普职规模大体相当政策的长远推进，顶层谋划高中阶段教育的战略重点

短期来看，我国的劳动力市场对于高中学历的入职者还有一定的需求，普职规模大体相当政策的推行能较好地契合并顺应经济发展对人才的需求。但就长远而言，劳动力市场对从业者的要求越来

越高，这是必然趋势，高中阶段普职结构是否继续保持大体相当，则需要多方考量和充分论证。从国际趋势来看，在数据可得的26个OECD成员国中，近20年呈现出“提高普通高中/降低中职招生比重”的基本走势，而OECD成员国普通高中占高中阶段教育的平均值由47%上升为54%。再反观国内，客观上也已经呈现出中职占比逐年下降的整体趋势，而且这一趋势日趋明显（见图2）。2009、2010年中职招生数占高中阶段教育招生总数的比例分别为51.1%、51.0%，但到2015年，这一比例已经急剧下降到了43.0%，在北京，2015年的中职招生数占比仅为32.3%。我们建议：一是进一步研究并明确高中阶段教育发展的战略重点与发展方向，尤其是普及高中阶段教育背景下，究竟是以普通高中还是以中职为重点，需要系统研究和顶层设计；二是加强对经济发展、人才结构、产业结构、人口变动等多变量的动态需求分析，科学预测不同时段我国高中阶段普职的合理配比，明晰普职结构调整与优化的时间表和路线图。

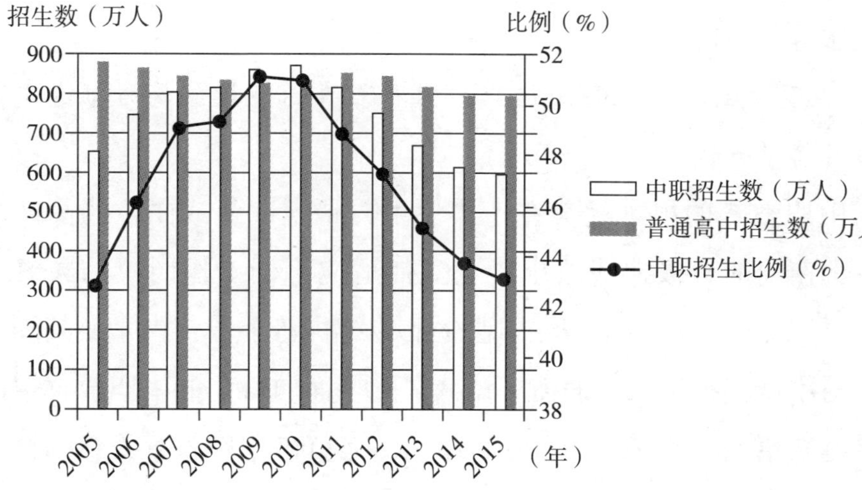

图2　2005—2015年我国高中阶段普职招生情况统计

2. 打破全国高中普职结构的“一刀切”，适时推进区域内高中普职比例的弹性实施

中职的规模与比例直接受到区域经济发展、产业结构、人口结构以及教育基础等因素的制约，而我国区域发展的不平衡直接导致高中阶段普职的需求结构和供给能力是不同的，这意味着既没有永恒不变的普职结构，也没有放之全国而通用的普职比例，不同区域的高中普职结构应该也必须是不同的。首先，要打破普职规模大体相当的统一规定，推行分类指导、分区域推进的差异性发展策略。根据不同省份或地区的经济发展水平、产业结构的转型趋势、高中教育阶段普及程度（中西部落后地区还要考虑其义务教育实施状况）、高等教育招生规模及生源状况等多种因素综合决定高中普职结构。其次，应突出强调普职结构与区域经济发展水平的适切性与耦合度。评价区域范围内高中普职结构是否合理，不仅要看普职比，更要关注高中教育在结构布局、专业设置、办学规模、育人质量等方面与地方经济发展的契合度，真正与区域经济对接，为地方发展服务。

3. 逐步压缩直接面向就业的中职教育的规模，着力推进中职教育的转型升级

中职教育的根本优势在于毕业生与特定职业或岗位的高匹配度，但产业的升级换代要求毕业生能适应不同工作岗位的频繁转换，中职面向特定岗位培养毕业生的传统优势逐步丧失，尤其随着市场对中低端技术工人的需求锐减，直接面向就业的中职教育空间越来越狭窄，中职必须升级并转型。一是打破中职教育为终结性教育的传统发展格局，实现从中职教育到高职教育的纵向延伸与层次提升。二是积极打通中职直升应用本科的升学通道。各省份可在选

择几所普通本科高校向应用技术类型学校转型发展试点的基础上，与中职学校“联姻”，通过“3+4”等多种人才培养模式，对口贯通、分段培养、转段考核、协同培养高层次技术技能类人才。三是助推中职教育自身的战略转型。随着中职向高职、应用本科的纵向延伸，中职教育的培养目标不再是直接为社会输送劳动力，而是为高等教育输送优质生源，前者的重心在于掌握一技之长，后者更侧重为高端技术人才的培养打下基础。

4. 在继续保持高中普职双轨运行的整体前提下，积极探索并实现高中普职教育的相互融通

高中普职结构优化的前提假设是：高中阶段普职分轨、各行其道，职业教育是“谋生”取向，普通教育是“学术”取向；普通教育以基础知识教学为主，职业教育以传授工作知识为重；普通高中面向升学，中职面向就业；等等。事实上，世界范围内，中职单纯面向就业、普通高中单纯追求学术的局面在不断地发生改变，高中普职教育已经从相对割裂走向相互融通。当然，短期内，我国仍将继续保持普职双轨运行的发展格局，但在此基础上可以建立普通高中和中等职业学校合作培养人才机制，探索校际的课程互选、学分互认、资源互通、教师互派等多种合作模式。与此同时，鼓励并支持条件成熟的区域与学校先行试点并积极探索综合高中等多种发展模式。

化解新高考改革后物理科“遇冷”问题的可行方案

柯　政

华东师范大学

【要点】新高考改革后，物理学科出现了报考人数大幅下降、学生投入时间大幅下降、拔尖学生难以脱颖而出、发展趋势堪忧等突出问题。改进这一问题的备选方案包括把物理纳入限选科目、实施标准参照计分方式、采用分数校正方式、调整考生基数等，这些方式有利有弊。最优的解决办法是通过扩大高校的招生自主权和提升高校招生能力来解决这个问题，其次是把物理和历史一并纳入限选考试科目。

习近平总书记明确提出：“把科技创新摆在更加重要位置，吹响建设世界科技强国的号角。”2014 年新高考改革开始在浙江、上海两地试点。高考改革后，作为科技发展的基础学科——物理科报考人数大幅下降，高中毕业生整体物理素养大幅下降，直接威胁国家科技创新战略。对于这一问题必须高度警惕，并及时采取相应措施。

一、新高考改革后物理科“遇冷”的突出问题

1. 报考人数大幅下降，并呈加速恶化之势

以上海为例，市示范性高中报考物理学生的比例往年一般都在45%左右，而2017年只有23%。浙江改革前物理是所有理科生的必考科目，而改革后报考人数降幅更大。从趋势上看，上海一所区级示范中学2014级学生（即2017年参加高考）有129人报考了物理，2015级变成了90余人，2016级有报考意向的才40多人。而且，这种“逃离物理”的现象也开始向市重点学校蔓延。一所顶尖重点高中最近的调研数据显示，高一学生报考物理的意愿下降20%。如果不采取干预措施，物理考生人数可能会出现“雪崩”。

2. 学生物理学习投入时间大幅下降

物理科的分值从以前的总分150分变成了实际上的30分，难度系数从0.65变成了0.75（相当于总分100分现在可以取得75分），连锁地引起教学难度下降和学生学习时间减少。对上海市长宁区的调查数据显示，从改革后全区学生每周课后学习物理的平均时间来看，高一年级从92分钟减为50分钟；高二年级从103分钟减为50分钟；高三年级从242分钟减为73分钟。

3. 物理科拔尖苗子难以脱颖而出

分值的减少和难度的降低，使得那些“尖子生”觉得“没必要”把物理学得很深。对 160 位上海高三物理教师的抽样调查结果显示，130 位教师明确认为“改革后，学科特长生再难以脱颖而出”，而不赞同这个观点的教师仅有 10 位。

二、物理科“遇冷”带来的负面影响

1. 避考物理与大学招生专业要求不一致

哪门高考科目更重要，最有发言权的是大学。在这次高考改革试点中，要求各大学专业指定必考科目。从结果看，绝大部分大学尤其是高水平大学，几乎都一致认为物理最重要。如上海 37 所本科高校 2017 年共设置专业（类）1096 个，尽管大部分专业没有限定选考科目，但提出 1 门选考科目要求的有 75 个专业，100%要求物理，提出 2 门科目要求的有 85 个专业，也 100%包括物理。这种情况在高水平大学中更是如此，如复旦大学的法学、哲学专业也要求学生选考物理。

2. 高考选考加速学生避考避学物理

纵观世界各国，无论是个体层面还是国家层面，随着人们生活条件的改善，学习物理、化学等“硬科学”的动力会逐渐降低，学习人文艺术学科的兴趣则会提高。也就是说，即使不干预，社会已经在做自我调整了。在这种情况下，高考政策就不应该再推波助澜，加速学生避考避学物理。美国等国可以因为有源源不断的外国技术移民加入而使这一问题有所缓解（事实上，即便如此，他们也充满危机感，近些年大力强调理科教育就是一个证据)，我国则没有这样的条件，只能依靠自己培养。我们要看到这样的大背景，否则就会在战略上处于被动地位。

3. 报考人数下滑直接威胁国家科技创新战略

物理“遇冷”的问题不仅仅表现为报考人数的下降，还表现在高中毕业生的总体物理素养明显下降、影响物理学科拔尖学生培养等方面。更令人担忧的是从发展趋势来看，这一问题正在加速恶化。如果说目前的报考比例是可以接受的，那么再过两年，这条合理线就会被大大地突破。其次，物理报考人数大幅下降，高中生整体物理素养大幅降低，这显然与国家的科技强国战略是背道而驰的。我国仍处于并将长期处于社会主义初级阶段，发展压力依然很大，创新驱动的根基不可削弱。

4. 计分方式对物理考生不利，有引发社会群体事件的风险

这次高考改革中选考物理问题之所以会引发社会舆论，直接原因就是大量的家长认为现有计分方式不公平，选考物理的学生吃亏了。这确实是事实，无论是上海、浙江，还是之前实行过选考制度的江苏，对于选考物理的学生，他们语文、数学、外语三科总分都明显高于选考其他科目的考生，甚至高出 20 分以上。这充分说明，选考物理的学生，总体学术水平比报考其他科目的考生更高。但是选考物理的考生人数太少，大家都按照成绩的百分排位划等级赋分，物理考生显然是吃亏了。至于有人提到选考物理的考生的录取机会更大，主要是因为他们在其他科目上更具竞争力，这恰恰能说明选考物理的考生总体水平更高。计分方式不公平可能会引发社会群体性事件。

三、解决物理科“遇冷”问题备选方案的利弊分析

对如何解决改革中出现的物理“遇冷”问题，很多人提出了不同的办法，其中相对合理的有如下几种。

1. 限定选考科目，即所有录取专业必须在物理和历史两科中至少限定一门必考科目

这个办法的优势不少：能迅速解决物理报考人数下降的问题；不需要大幅度调整现有政策架构，具有很高的可行性；已有现成的江苏改革经验可以参照；各方认可度相对较高。劣势：容易让人觉得恢复到文理分科的状态（虽然事实上不是，因为文科专业也可以要求物理必考）；部分缩小了学生的选择范围（以 6 门学科中选 3 科为例，共有 20 种组合，限定之后变成了 16 种）；其他科目（如化学）的选考人数可能会受到影响。

2. 改变计分方式，即把现有的按成绩的百分排位划等级赋分的常模参照计分方法改为标准参照的计分方式

考生的成绩只跟自己的水平有关，跟其他考生水平无关。这个方法的优势很明显：科学性非常强，国际上主要的考试（如雅思）也都是采用这种方法来进行等级划分；可以从根本上解决物理科问题，而且又不会造成其他科目的问题。但劣势是实施难度太高，保密制度、考评技术在短期内都达不到要求。

3. 校正考试分数，即根据语数外三科成绩对物理分数进行校正

假设选考物理考生群体中位于前 20% 名次的学生的语数外三科成绩跟选考生物考生群体中的位于前 10% 名次学生的语数外的成绩

相当，那么就把物理成绩的前 20%与生物成绩的前 10%认定为同一个等级（如 A 等）。这样就不仅仅考虑到了群体内的次序，还考虑到了群体之间的水平差异。我国香港地区就是用类似的方法来校正不同选考科目或试题的分值，取得了比较好的效果。但缺点就是技术方案比较复杂，对公众解释也会遇到困难；需要对现有考试架构做比较大的调整。

4. 调整考生基数，即调整各科考生的“分母”人数

严格来说，这也是一种分数校正办法。具体的方法有很多，比如按“理论平均数”来计算物理科的报考人数（比如总共有 5 万考生，在 6 科中选择 3 科，那么物理科应该有 2.5 万人选择），如果实际人数更高，那就用实际人数。这个方案的优点是好操作，而且也能解决问题。但缺点就是很难解释它的合理性，而且可能会引起一些连锁反应。

四、政策建议

1. 尽快补齐高校招生制度改革的短板

解决物理选考中的问题，从科目选择、计分方式、分数合成等方面来做工作，都会起到一定的作用。但要从根本上解决这个问题，关键还是要抓住高校招生这一环节，在增强高校招生自主权的同时，引导高校提升招生能力。一方面，招生制度改革本来就是高考改革的有机组成部分，甚至是最重要的部分，而前一轮的试点工作在这方面的突破还相对不足。另一方面，考生应该考什么学科，考到什么程度，高校最有发言权。否则解决了物理学科的问题，又

会出现其他问题。

2. 增强高校对选考科目的指定权

在这次高考改革试点中，高校的科目指定权被大幅削弱。按照在高校所指定选考科目中“学生满足其中任何1门，即符合报考条件”的规定，报考同一个专业的不同考生用不同科目成绩进行竞争就变成了常态，而且不可避免，这也造成了物理科考生觉得“不公平”的问题。因此，建议首先取消“学生满足其中任何1门，即符合报考条件”的规定，由大学各专业自主决定必考科目，甚至允许他们规定各科的考试权重。其次，允许高校把科目要求纳入综合素质评价方案中（比如提出“物理成绩达到×分以上优先录取”），允许高校在总分同分甚至相差3分（一个等级分）之内根据学生的综合素质进行录取。再次，加强对高校招生能力和责任心的培养与督查，要求至少提前2年公布各专业的招生方案，并进行解释。

3. 把物理和历史纳入限选科目

要求各专业首先在物理、历史中选择一门必考科目，然后再在剩下的5门科目中指定1—2门。它的利弊在前面已做分析，但总的来说，这是目前认可度相对较高的一种解决方案。

促进社会参与人才培养的改革建议

申培轩

山东省教育科学研究院

【要点】目前，社会参与人才培养存在定位不准，动力机制缺乏，支持体系不健全，协调、共享和监管机制不健全、不合理、不科学等问题。为此，亟须转变教育发展职能，鼓励多元主体参与人才培养，建立宽松、灵活、开放的办学新体制，实现教育的社会化和社会的教育化。需要构建“政府主导、学校跟进、行业企业为主、科研院所等社会机构为辅、家庭积极参与”的人才培养新体制。应降低教育准入标准，健全社会学习学分化制度，建立社会参与人才培养的激励机制、社会教育资源充分高效利用的合作共享机制。建设社区为主、多元社会力量参与的新型家长学校制度，推动社会力量参与人才培养的专业化建设。完善法律法规体系，加强社会参与人才培养的第三方监管。

一、当前社会参与人才培养存在的问题

长期以来，我国的办学体制一直是以政府办学为主体，学校关门办学，教育系统管理与运行相对封闭，社会力量参与人才培养的优势没有被充分激活，社会参与人才培养的路径不畅、动力不足、方式单一、层次和水平低，社会教育资源利用率不高。

1. 社会参与人才培养定位不准，目标追求偏颇

社会参与人才培养体制中，政府的主导与统筹能力不够，对社会参与人才培养工作缺乏战略规划和设计。行业企业、科研院所、家庭等社会元素参与人才培养存在目标模糊、价值取向错位等问题，大众认为社会参与人才培养的质量难以保证，教育管理机构认为社会参与人才培养会冲击学校的正常发展，地方政府认为会增加政府管理成本，行业企业认为会增加企业负担。这些认知误区和偏差挫伤了社会参与人才培养的积极性。

2. 社会参与人才培养统筹协调不够，未形成合力

当前社会参与人才培养存在着多头参与、多家管理的现象。人力资源和社会保障部门、教育行政部门、民政部门、工商部门对社会力量参与人才培养均具有审批权，此种多头审批、缺乏统一管理的方式造成了社会力量参与人才培养鱼龙混杂、良莠不齐。促进社会参与人才培养，亟待管理部门权责统一、统筹协调，进行科学化和专业化管理。

3. 社会参与人才培养的法规不健全，政策的导向作用没有充分发挥

目前，尚未有法律法规对社会力量参与人才培养的资金来源、

具体对象、方式、标准、效果评价做出明确具体的规定。法律法规支持体系的缺失，导致具体实施无法可依。现有促进社会参与人才培养的政策目标不明确、政策对象覆盖面窄、政策界限不明晰、政策措施操作性不强。如公共财政政策对社会力量参与人才培养的支持力度明显不足，且主要支持帮扶对象为参与校企合作的各级各类企业和各级各类民办院校，尚未覆盖有资质参与人才培养的其他基本社会单元，如自然人（自愿者），社会组织、非政府组织、非营利机构等法人组织，加之财政支持体系建设不力，这些都导致社会力量参与人才培养工作后劲不足。

4. 社会参与人才培养的激励机制不完善，参与动力不足

当前，我国鼓励社会参与人才培养的文件和政策多停留于“政策倡导”和“精神激励”，过多强调社会参与人才培养的责任和义务，弱化了社会参与人才培养的权利，尚未建立责权利对等、操作性较强的多元激励机制。同时，缺乏社会力量参与人才培养成本、收益和风险的分担补偿机制。对社会参与人才培养过程中的项目套用、资金套现等违规行为，缺乏实质性的约束退出机制。这种激励机制不完善、不健全现象的客观存在，导致社会力量参与人才培养的积极性和动力普遍不足。

5. 社会资源共享机制未建立，难以参与人才培养

社会教育资源分散且分配不均，拥有不同社会教育资源的组织机构往往基于各自的部门利益，各自为政，缺乏部门和机构间资源互通共享的有效通道。如现行的学校管理模式的局限使得家长委员会、校友会等社会教育力量难以广泛参与人才培养。高校、科研院所、行业协会、学术团体、公共场馆、家庭等组织间资源共享机制的缺失造成了大量社会教育资源的闲置和浪费。

6. 社会参与人才培养监管机制缺失，保障力度不够

人才培养有其独特的规律，但仍然需要建立科学的监管机制。当前，我国不仅在社会教育法、家庭教育法以及校企合作条例等法律法规建设方面工作滞后，而且缺乏社会参与人才培养的监管组织或机构。同时，相应的学术团体或协会组织建设不足，内外监管制度缺位，质量监测评价制度基本处于空白状态，这都严重地制约了社会参与人才培养科学有效运行。

二、促进社会参与人才培养的八条改革建议

1. 促进社会参与人才培养的总体目标与基本内容

推动社会参与人才培养，努力实现“教育社会化、社会教育化”，通过开放社会组织参与人才培养的渠道，依法对参与各种形式人才培养的社会力量进行监督和管理。政府建立社会力量参与人才培养的分类指导和支持体系，建立健全“统筹、协调、激励、共享、监管”机制，最终形成合力，实现政府和社会在人才培养上的共建、共治、共享和共赢。一是积极构建“政府主导、学校跟进、行业企业为主、科研院所等社会机构为辅、家庭积极参与”的社会参与人才培养体制。二是充分盘活各种社会教育资源，建构政府、学校、学生、社会等利益相关主体多维互动、相互激励的人才培养新机制。

2. 加强政府统筹协调，实现多元主体参与人才培养

改变传统的政府“家长式”包揽一切的无限教育责任模式，推动办学体制更加灵活、开放和包容，逐渐走向统筹协调各种办学力

量、强化监管与服务的现代教育管理新模式。通过政策引导、财政扶持等机制建设，赋予行业企业、科研院所、家庭等各种社会力量参与办学或其他形式参与人才培养的权利，鼓励社会力量充分利用各自的优势和资源，积极参与人才培养工作。通过转变政府教育职能，尝试探索政府购买公共教育服务、政府与社会资本合作联合办学、委托办学等新体制和自组织、自服务、自激励等新模式，建立推动社会团体或个人的捐资助学行为的体制机制。

3. 降低教育准入标准，多路径激发社会参与人才培养活力

遵循市场化、公益性原则，适当降低教育准入门槛，激发企业、科研院所、社会组织（行业协会、学会、基金会）等多元社会力量参与人才培养的积极性。促进企业和高校、科研院所联合建立人才双向流动的体制和机制，鼓励企业高层次人员与具有研究生授予权的高校、科研院所，通过双向挂职、短期工作、项目合作等柔性流动方式形成合作，促进人才培养。优化博士后培养机构运作机制，积极推动企业与高等院校、科研院所在人才培养体制、机制、政策、资金、服务等方面形成“人才+项目+产品”的产学研用模式。

4. 明晰社会参与人才培养的主体利益，形成激励机制

理顺我国社会参与人才培养的主体关系，明晰责任，划清权利，改变目前忽视社会主体利益的局面。遵循市场经济规律，充分体现社会力量的法人主体、市场主体、投入主体、风险承担主体和利益分配主体等的主体地位。通过财政扶持、税费减免、专项补助、项目驱动、任务驱动等多种机制建设，以及相应的利益补偿机制建设，满足社会主体的利益诉求。完善参与主体的责任分担制度，激发社会力量参与人才培养的积极性。如建立健全社会力量参

与人才培养工作监测评估制度，评判社会力量开展人才培养工作的参与度和质量，开展差异化财政扶持、税费减免工作和通报批评、冠名撤销、退出工作。同时，建立教育责任风险分担制度，通过政府购买社会教育责任保险，应对各种意外或非可抗因素导致的教育责任风险，为多元社会力量参与人才培养保驾护航。

5. 赋权增能，推动社会力量参与人才培养的专业化

建立赋予社会力量参与人才培养权利的决策、管理、监督机制，积极推进学校理事会、董事会等制度改革，畅通家校合作组织、家长委员会、家长自愿者等渠道，配合学校开展课外和校外活动。充分尊重并保障家长委员会、学校校友会等社会组织参与学校管理的权利，鼓励社会组织设立学生奖学金、助学金等社会慈善行为，赋予必要的冠名权或参与学校管理权。确保社会师资力量的专业发展权利，打通社会师资专业发展路径，搭建社会师资力量可持续发展平台。

6. 健全社会学习学分化制度，促进社会教育资源合作共享

克服本位主义，建立打破行业与部门边界的人才共享机制；依托大数据和云计算技术，搭建社会学习平台，满足学校、学生多元教育需求，提升社会力量差异化教育供给能力，实现人才培养的互联互通。以学生参与社会学习活动的“一卡通制度”和社会学习活动档案信息制度建设为突破口，建立健全社会学习学分化制度，把学生参与社会学习活动的次数和时间纳入学业成绩学分计量范畴，激发学生参与社会学习的积极性。以社会力量合作开展社会学习活动的效果和学生参与社会学习的满意度为标准，强化社会力量的合作共建意识，提高教育服务意识和服务能力，积极推动图书馆、科技馆、博物馆等各类公共教育资源社会化、社会资源教育化，实现

学校教育资源和社会教育资源的共享。

7. 建立社区主导，多方力量参与的家长学校制度

当前，学校教育资源有限性和家长需求无限性的矛盾、学校可利用场所空间的有限性和家长活动需求空间的广阔性的矛盾日益扩大，急需建立政府牵头、以社区组织为主导、多元力量参与的新型家长学校制度。要丰富和完善家长学校师资力量和课程体系，积极引导家长从人才应该具备的品质素养角度，设计长远的立德树人目标，主动参与学校教育工作。通过“立家德、正家风、兴家业、优家教”推动家庭参与人才培养，提倡优良家风进校园活动，尝试探索家庭教育的“负面清单”与“诚信银行”制度，确保家庭教育的科学化和系统化。

8. 完善法律法规体系，加强社会参与人才培养的第三方监管

进一步完善社会参与人才培养的相关法律法规体系，制定出台社会力量参与人才培养法，确保社会参与人才培养依法开展。建立健全准入制度、督查评估制度、退出制度，甄选优质社会力量参与人才培养；积极推动建立第三方为主的社会参与人才培养质量监督评价机构，推动社会力量人才培养质量监控体系和评估制度，建立社会力量参与人才培养的退出机制。

企业参与职业教育办学的成本收益分析及启示

冉云芳

浙江大学

【要点】 当前，企业参与职业教育的重要办学主体作用并未得到充分发挥。根源在于：企业是以营利为目的的经济组织，其参与职业教育办学会受到成本收益的影响。对企业参与职业教育办学的成本收益进行实证研究发现，成本收益构成比例各不相同，但主要为人力成本或人力收益。企业在短期内整体处于盈利状态，但有近一半的企业处于亏损状态。在学生参加企业顶岗实习第 4 个月时，首次达到盈亏平衡点。在第 9 个月时，企业可收回前期投入的所有成本。政府可据此优化成本收益结构，以深化职业教育校企合作，助推企业办学主体作用的发挥。

当前，许多企业对参与职业教育办学以获取技能型人才的潜在需求巨大。但现实中的有效需求不足。具体表现为企业参与职业教育办学的广度和深度不够，主体作用缺失。从本质上讲，作为以营利为目的的经济组织，无论出于何种目的，企业决策取决于随之带来的成本收益。因此，对成本收益问题进行研究显得尤为重要。本研究综合运用定性和定量方法，通过建构成本收益分析模型，对浙江省和上海市的 161 家已参与职业教育办学的企业进行了访谈式问卷调查和分析，并提出了相应的对策建议。

一、企业参与职业教育办学成本收益调查结果分析

1. 企业参与职业教育办学的成本收益构成比例各不相同，但主要为人力成本或收益

企业参与职业教育办学的短期成本构成中，企业支付给合作学生的直接或间接成本为 23921. 7 元/人，占比为 66. 0%。企业支付给培训人员的直接或间接成本为 10136. 5 元/人，占比为 28. 0%。而其他三项成本共计占比仅为 6%（见图 1）。可见，企业参与职业教育办学的短期成本主要为企业支付给合作学生和培训人员的直接或间接成本。

企业参与职业教育办学的短期收益构成中，合作学生顶岗实习的短期收益为 38895. 8 元/人，占比高达 95. 8%。企业利用学校资源的使用收益均值为 807. 4 元/人，占比为 2. 0%。企业享受政府政策的补给收益为 895. 6 元/人，占比为 2. 2%（见图 2）。可见，企业参与职业教育办学的短期收益绝大多数都是由合作学生顶岗实习带来的。

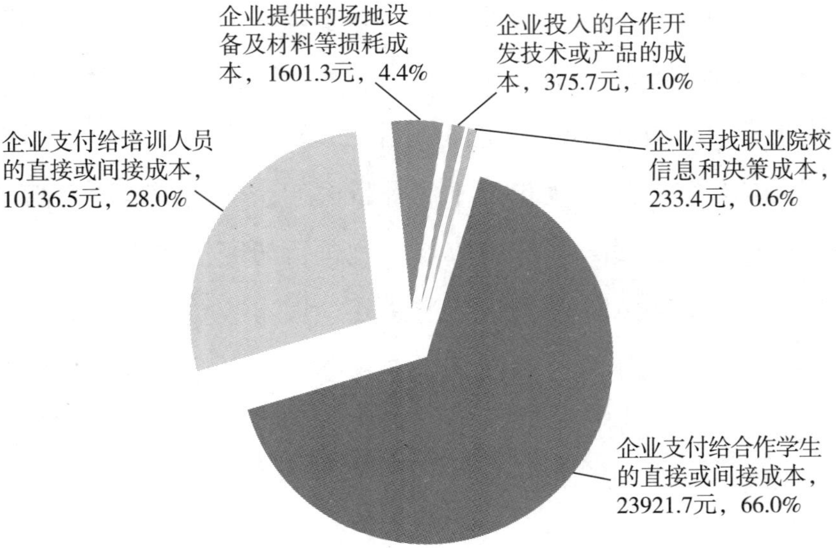

图 1　企业参与职业教育办学短期成本构成的描述性统计

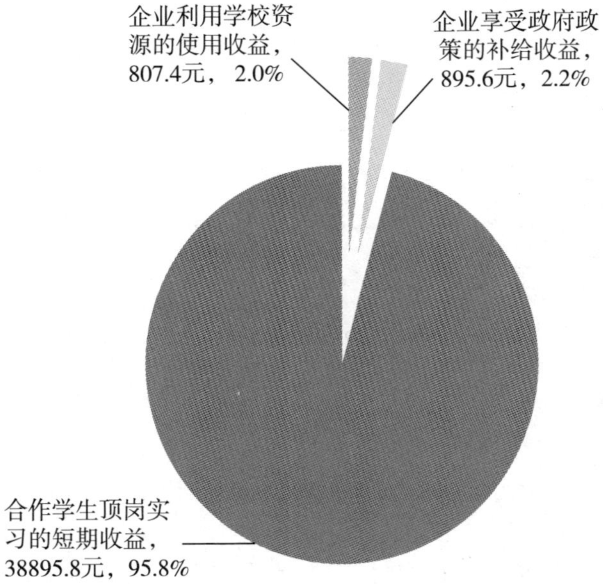

图 2　企业参与职业教育办学短期收益的描述性统计

2. 平均而言，企业参与职业教育办学在短期内是盈利的，但也有近一半的企业亏损

企业参与职业教育办学的短期成本为 36268. 6 元/人，短期收益为 40598. 8 元/人，短期净收益为 4330. 2 元/人。可见，当前中国企业参与职业教育办学在短期内处于盈利状态（见图 3）。

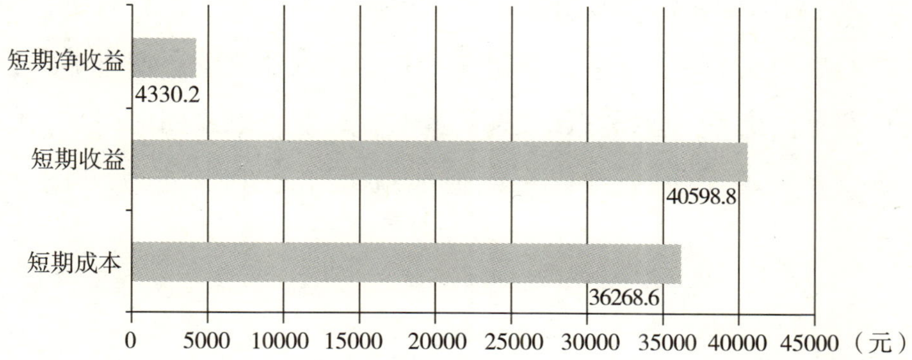

图 3　企业参与职业教育办学短期的成本与净收益

具体来看，企业参与职业教育办学的短期投资回报率的极小值和极大值分别为-74%和 275%。亏损最多的企业短期投资回报率为-74%，盈利最多的企业短期投资回报率为 275%。73 家企业的短期投资回报率为负值，88 家企业的短期投资回报率为正值，占比分别为 45. 3%、54. 7%。77 家企业的短期投资回报率低于基准利率（3. 5%），84 家企业的短期投资回报率高于基准利率（3. 5%），占比分别为 47. 8%、52. 2%。这表明：具体来看，有近一半（47. 8%）的企业参与职业教育办学在短期内处于亏损状态。

3. 企业在学生顶岗实习的第 4 个月达到盈亏平衡点，第 9 个月时为投资回收期

从短期净收益和投资回报率来看，学生到企业顶岗实习的前 3 个月，企业各期短期成本大于短期收益，处于亏损状态。在第 4 个月时，企业短期成本和短期收益相等，企业达到盈亏平衡点。在第 4 个月之后，企业各期短期收益大于短期成本，处于盈利状态。而从总的短期成本收益来看，在第 9 个月时，企业总的短期成本和总的短期收益相等，即投资回收期。此时，企业可以收回前期投入的所有成本。在第 9 个月以后，企业就处于盈利状态（见图 4、图 5）。

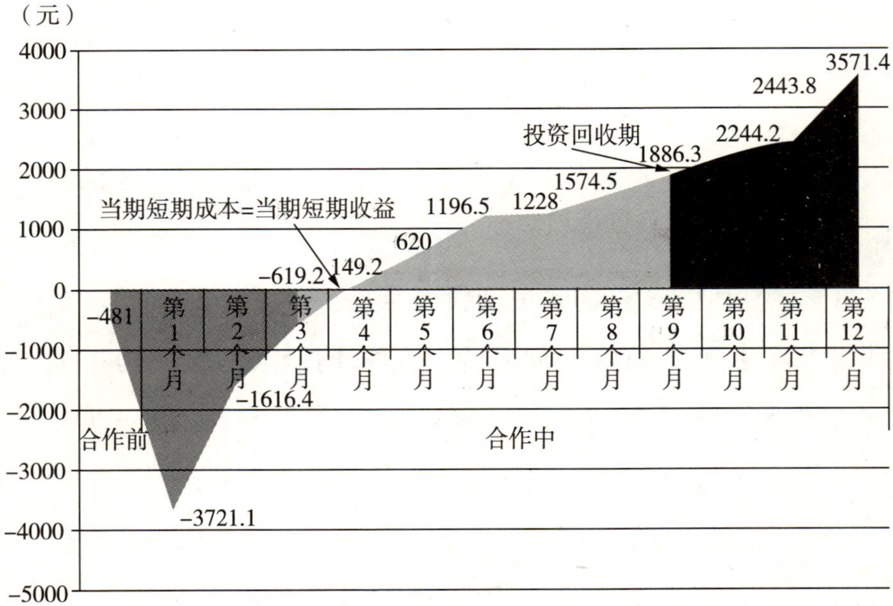

图 4　各阶段企业参与职业教育办学的净收益面积图

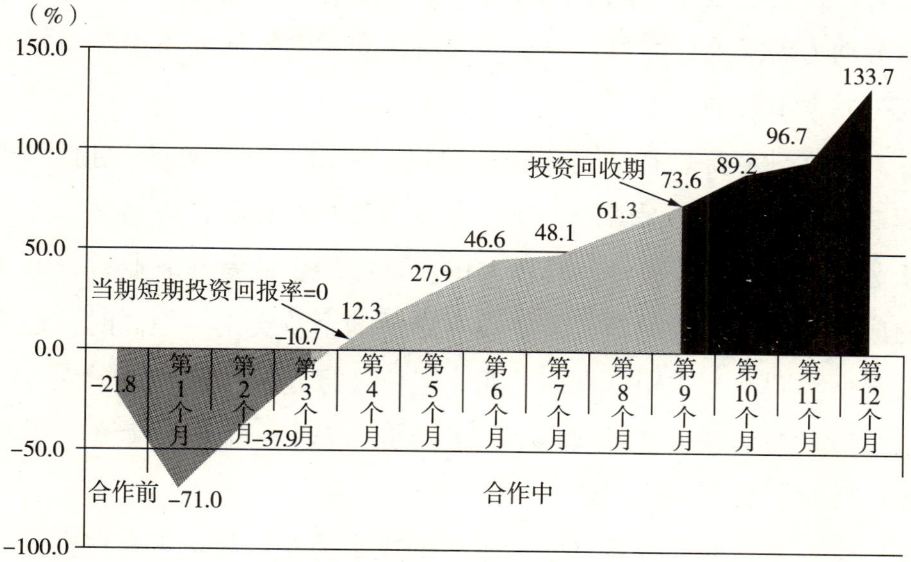

图 5　各阶段企业参与职业教育办学的投资回报率面积图

二、优化企业参与职业教育办学成本收益结构的政策建议

1. 参照现有成本收益值及差异性，确定需要政府提供激励或资助的企业或职业岗位

不同企业之间在成本收益上呈较大的差异性。一些企业在短期内就可盈利，但一些企业在短期内处于亏损状态。处于亏损状态的企业又可能分为两种情况：一是学生留任率高，以至于为企业带来的长期收益较高，且足以抵销前期的净损失。二是学生留任率低，不能为企业带来长期收益，企业仍处于亏损状态。但我国目前的劳动力市场自由度较大，多数在短期内亏损的企业得到的长期收益也

较低。这会造成一些原本以人力资源积累为目的的企业转变为以短期劳动力需求为目的参与办学。这一转变对学生技能习得和习惯养成是非常不利的。

因此，需要政府对企业进行甄别，并对短期内处于亏损状态，长期收益又得不到保障的企业进行适当激励和补贴，以增强其参与职业教育办学的积极性。具体来讲，可参照企业参与职业教育办学的成本收益高低状况确定需要政府激励的企业类别。但同时，还需要根据不同行业类别中具体的职业岗位进行分析。

2. 建立人员专项补助资金和实训原材料专项补助资金，形成合理的政企成本分摊机制

企业参与职业教育办学最主要的成本为支付给学生和培训人员的人力成本，最主要的收益为学生带来的收益。职业院校和政府为企业带来的收益都非常低。而职业院校的许多实训场地、设备及工具等实训资源又存在浪费和闲置现象。

首先，政府可参照当前企业参与职业教育办学的人力成本标准，建立人员专项补助资金，形成合理的政企人力成本分摊机制。一是建立针对合作学生的专项补助资金，分摊企业支付给合作学生的相关直接或间接成本。二是建立企业培训人员经费专项补贴，主要用于支付企业兼职培训人员，尤其是一线操作指导师傅的额外工资。其次，可参照不同行业在设施设备、原材料等方面的人均物耗成本的最高限额标准，对企业参与办学过程中因学生实习造成的设施设备、原材料损耗等物耗成本进行估值，并按一定比例给予专项补贴，增加学生操作设备、工具等的机会。

3. 制定合理的企业实训时间及分配制度，以保证企业和学生的共同利益

学生到企业进行顶岗实习时间的长短将对企业的收益起着非常

重要的影响。在实习期的最初阶段，企业均处于亏损状态。当学生的生产率越来越高，企业最初的净投资才能转化为净收益。但从学生的角度来看，学生在企业顶岗实习的时间如果过长，乃至于学生掌握了所在职业岗位的基本技能之后，仍然长时间在企业进行顶岗实习，在并不能获得额外的新知识或技能时，学生就在进行简单的重复劳动。

因此，一方面，政府要根据不同行业及其职业岗位的技能形成周期，灵活制定合理且匹配的学生企业顶岗实习的时间。另一方面，在顶岗实习时间范围内，合理分配学生实习教学和实习生产的时间，以及实习生产时间中的技能性生产和非技能性生产时间，有效保证学生顶岗实习期间教育教学功能的发挥。

4. 制定考核指标，建立企业参与职业教育办学的质量评估与考核制度

通过制定相关考核指标体系，如企业投入的直接成本、企业师傅指导学生的时间、学生留任率等指标，逐步建立起企业参与职业教育办学的质量评估与考核机制，给予企业一定的财政奖励，并赋予企业特殊荣誉称号，树立典型，提升企业形象，增加其长期收益。同时，建立企业一线操作指导师傅资源库，搭建一线操作指导师傅交流和培训平台，为其提供培训机会，并对其进行评估与考核，给予其经费奖励，激发其指导学生的积极性。

党的十八大以来研究生教育质量提升的成就与经验

刘贵华　孟照海

中国教育科学研究院

【要点】党的十八大以来，我国研究生教育取得的成就突出表现在：在校研究生的科研贡献度明显提升；专业学位研究生的比例大幅提高；研究生对培养过程的总体满意率保持较高水平；研究生参与科技创新的比例稳步增长；博士论文抽检合格率稳步提升；生师比稳步下降；来华留学研究生人数快速增长。提升研究生教育质量需要树立科学的研究生教育质量观，把研究生培养模式改革作为着力点，切实加强质量保障体系建设，大力加强导师队伍建设，不断提高研究生教育国际化水平。

党的十八大以来，我国研究生教育以“服务需求、提高质量”

为主线，深化研究生教育综合改革，着力优化研究生教育结构，在研究生考试招生、人才培养、课程建设、导师队伍等关键环节进行系统性改革，强化研究生教育质量保障，大力提高研究生教育质量。

一、研究教育质量提升的举措

1. 制定了研究生教育质量的“国家标准”

2013年国家发布了针对学术学位的《一级学科博士、硕士学位基本要求》和《学位授予和人才培养一级学科简介》，确立了研究生教育的“国家标准”，从法理上有效地避免了学术学位“掺水”，更好地保障了相关单位培养研究生的自主权，也为社会开展质量监督提供了依据。

2. 大力发展专业学位研究生教育

2012年以来，国家加快调整研究生教育结构，在层次结构上积极发展专业学位研究生教育，在就读形式上重视发展非全日制研究生教育，将研究生教育结构调整的重心放在层次和类别的多样化上，逐步引导研究生培养单位形成多样化的培养目标和模式。

3. 加强学位点动态调整和论文抽检

2014年，国务院学务委员会、教育部发布了《学位授权点合格评估办法》《博士硕士学位论文抽检办法》《关于开展学位授权点合格评估工作的通知》，规定每年进行一次学位论文抽检，博士、硕士学位论文的抽检比例分别为10%和5%左右。此外，各大学的学位授权点开始打破“终身制”，授权点“有上有下”“有增有撤”

成为常态。

4. 推进学术学位和专业学位研究生培养模式分类改革

2013 年以来，学术学位研究生培养模式的改革以提高创新能力为目标，促进课程学习和科学研究的有机结合；专业学位研究生培养模式以提升职业能力为导向，面向特定职业领域，形成产学结合的培养模式。2012 年以来，教育部分别与中国科学院和人力资源社会保障部联合发布文件，推进学术学位和专业学位研究生培养模式的分类改革。

5. 推行“申请—审核制”和分类考试

2013 年《教育部、国家发展改革委、财政部关于深化研究生教育改革的意见》发布后，北大、清华等国内知名高校的部分专业相继实行了博士生招生“申请—审核”制。这项制度取消了学校统一考试，把招生权还给导师团队，注重专业兴趣和科研能力考察，能够对考生进行更加个性化和全面化的评价。此外，国家积极推动医学等领域专业学位和学术学位硕士研究生分类考试，强化复试考核，充分发挥招生单位录取主体作用。

6. 加强研究生课程建设

2014 年《教育部关于改进和加强研究生课程建设的意见》提出，要坚持以能力培养为核心、以创新能力培养为重点，拓宽研究生知识基础，加强不同培养阶段课程体系的整合、衔接，避免单纯因人设课。科学设计课程分类，增加研究方法类、学术实践类、研讨类等课程，充分发挥课程学习在研究生培养中的重要作用。

7. 健全研究生指导教师制度与责任

2013 年《教育部、国家发展改革委、财政部关于深化研究生教育改革的意见》强调，发挥导师对研究生思想品德、科学伦理的示范和教育作用。同时，改变单独评定研究生导师资格的做法，强化与招生培养紧密衔接的岗位意识，以培养质量为中心，改革导师评价模式。加强对导师的培训，提升他们的指导能力。

8. 强化研究生学术规范与学术道德

2013 年，《学位论文作假行为处理办法》开始实行，严肃处理学位授予工作中出现的一些学术不端问题。2016 年教育部发布《高等学校预防与处理学术不端行为办法》，要求教师对其指导的学生应当进行学术道德、学术规范教育。教育部和各地以“零容忍”的态度处理学术不端行为，以确保研究生教育质量不被“注水”。

二、研究生教育质量提升的成就

1. 在校研究生的科研贡献度明显提升

调查显示，在 2012—2014 年发表的 800 多篇国际高水平热点论文中，第一作者为我国在校研究生的有 314 篇。与我国相关的国际高水平论文中，在校研究生参与率高达 72%，贡献率更是达到了 34%。通过对参与发表国内高水平学术论文的研究生作者身份的分析来看，每一篇高水平学术论文中有 32. 31%的贡献可归功于在校研究生。

2. 专业学位研究生教育快速发展

2012—2015 年，全国专业学位研究生招生人数占招生总数的比例从 33. 7%增加到 40. 1%，在校生人数的比例从 26. 1%增加到 35. 2%。在此期间，硕士专业学位研究生教育的发展尤为迅速，2012—2015 年，全国硕士专业学位研究生招生人数占招生总数的比例增长了8.1个百分点，研究生教育结构逐步优化。

3. 研究生对培养过程的总体满意率保持较高水平

“中国研究生教育质量报告”课题组从2012年到2016年连续5次调查显示，研究生总体满意率均在60%以上，而且总体上呈逐渐上升趋势；总体不满意率均在8%以下，而且总体上呈逐年下降趋势。

4. 研究生参与科技创新的比例稳步增长

2010年以来，在国家自然科学基金各类资助项目中，硕士生占参与研究人数的27.27%，博士生占20.24%。2012年以来，国家自然科学基金面上项目和重点项目参与人员构成中，研究生占比均在50%以上，且逐年增长。从2012到2016年，国家自然科学基金重点项目组成人员中，博士研究生的比例从28.78%提高到30.86%，研究生参与科技创新的比例不断提高。

5. 博士论文抽检合格率稳步提升

2014年发布的《博士硕士学位论文抽检办法》进一步规范博士、硕士学位论文抽检工作。学位论文抽检每年进行一次，博士和硕士学位论文的抽检比例分别为10%和5%。根据国务院学位办公布的抽检结果，2013年和2014年博士学位论文抽检合格率分别为94.9%和95.4%。在扩大抽检范围的情况下，研究生教育质量保障进一步加强。

6. 生师比逐步下降

从2012年到2015年，研究生导师的人数从298438人增加到363218人，增长幅度与在校研究生的增幅呈正相关。2012年以来，研究生教育的生师比逐年下降，2012年的生师比为5.8：1，2015年的生师比降至5.3：1，这表明研究生导师队伍逐步壮大，导师有更多的时间和精力指导每个研究生。

7. 来华留学研究生人数快速增长

十八大以来来华留学生的规模、层次、结构都发生了显著变化，来华攻读硕士、博士学位的留学生规模及其所占比例持续快速增长。从2012年到2015年，来华攻读硕士、博士学位的留学生快速增长，年均增长率保持在11%以上。从研究生占来华留学生总体的比例来看，2012年这一比例为10.98%，到2015年这一比例增长到13.47%，这表明随着中国研究生教育质量的提升，来华攻读研究生学位的留学生数量逐渐增多。

三、研究生教育质量提升的经验

1. 树立科学的研究生教育质量观

科学的研究生教育质量观必须把握好四个方面：一是解决好培养什么人、为谁培养人的问题。二是处理好规模与质量的关系。三是统筹好服务需求与优化结构的对接。四是把握好既要借鉴又要弘扬的要求。

2. 把研究生培养模式的改革作为提升质量的着力点

党的十八大以来，研究生教育围绕人才培养质量，从多个方面进行改革。一是以提高人才选拔质量为目标，改革考试招生制度。二是以提高创新能力为重点，改革学术学位研究生培养模式。三是以提高实践能力为重点，加大专业学位研究生培养模式改革。四是发挥高水平大学的引领作用，进一步带动我国研究生教育水平整体提高。

3. 切实加强研究生教育质量保障体系建设

党的十八大以来，我国高度重视研究生质量保障体系建设，加强顶层设计，在质量保证、学位授权点评估、论文抽检等方面出台多个文件，形成了较为完善的研究生教育质量保障体系。具体而言，我国的研究生教育质量保障体系具有四个特点：一是“五位一体”；二是重心下移；三是特色发展；四是加强质量文化建设。

4. 大力加强导师队伍建设

党的十八大以来，研究生导师队伍建设取得了新突破。一是改革导师评价机制，逐步改变以科研为导向的单一导师评价机制。二是提高导师教学指导能力，加强导师培训。三是强化师德师风建设，进一步强化导师对学生学风教育的职责，建立强制性的青年教师和导师定期培训制度。

5. 不断提高研究生教育国际化水平

党的十八大以来，我国研究生教育的国际水平不断提高。一是扩大来华攻读学位的留学生规模。通过建立更灵活的招生制度，健全奖助体系，吸引全球特别是发达国家优秀青年来华攻读学位。二是探索中外联合培养研究生的模式，通过推动中外合作办学、合作研究，支持与高水平大学开展联合学位等项目，促进我国研究生教育水平的提高，吸引和留住国内顶尖本科生。

群策群力　构建高校创新创业教育生态系统

徐小洲　叶映华　梅伟惠

浙江大学

【要点】 构建创新创业教育生态系统是国家整体战略的重要组成部分。目前高校创新创业教育生态系统建设存在创新创业教育资源缺乏有效整合，创新创业教育制度尚不完善，创新创业教育存在观念上的误区等问题。构建良好的创新创业教育生态系统，应推动教师、学生、创业者和风险投资家等不同主体的协作，推动高校、企业与政府等不同组织的协作，推动高校创新创业教育等内部系统与创业环境、创业制度等内部系统的协调。

一、构建高校创新创业教育生态系统的必要性

1. 构建高校创新创业教育生态系统是国家整体战略的要求

2015年被称为创新创业教育战略改革之年。《中共中央　国务院关于深化体制机制改革加快实施创新驱动发展战略的若干意见》和《国务院办公厅关于深化高等学校创新创业教育改革的实施意见》进一步明确了创新创业教育的战略地位，也对系统推进创新创业教育改革提出了更高的要求。高校需要更新创新创业教育理念，整合校内外各种创新创业教育资源，改革创新创业教育方法，打造与本校人才培养目标与区域经济发展情况相吻合的，符合学生实际的创新创业教育模式。可以说，在创新创业教育的重要性与意义被提到历史新高度的背景下，高校如何构建创新创业教育生态系统是国家整体创新创业战略的一部分，也是构建国家整体战略不可或缺的一个环节。高水平的研究型大学、地方本科院校、高职院校等各类高等教育机构，都需要认真思考自身的创新创业教育目标，调查学生需求，提供丰富的课程资源，让创新创业教育真正成为人才培养活动有机的一环，使各个层次的人才都具有相对应的创新创业能力。

2. 构建高校创新创业教育生态系统是创新创业教育发展新阶段的要求

经过近20年的发展，中国高校创新创业教育从最初的竞赛型、精英型、零散化逐渐向教育型、普及型和制度化转变。尽管还存在创业教育学科定位不明确、课程内容体系不完全、创业教育课程师

资薄弱、校内外机构协同不力等问题，但不可否认的是，中国高校创新创业教育还是取得了很大的成就。与最初阶段相比，大学生创业团队数量在不断增加，创业质量也在提升，即便是最直观的创业率，也从 2007 年的 0.26%增长至 2013 年的 2.3%。以浙江大学为例，截至 2015 年 11 月，浙江大学在校生创业团队有 180 个左右，2014 年至今有 28 个团队获得创业投资，投资总额超过 2.3 亿元人民币。截至目前，浙江大学已设立各类创业基金 20 余项，累计捐赠到款金额 6972764.32 元。中国高校创新创业教育已经进入了一个新的发展阶段。新的阶段也对创新创业教育提出了新的要求，高校创新创业教育相关的各方利益主体、资源及环境要素需要进一步整合，形成合力，共同促进中国高校创新创业教育质量的提升。

美国高校创新创业教育的快速发展得益于美国构建了政府、高校与企业各司其职、相互支撑的生态系统：政府出台“创业美国”计划（2011 年），采取扩大创业支持资金，加强创业者与创业导师联系，减少创业障碍，加速突破性技术创新从实验室到市场的转化，释放医疗、清洁能源和教育等产业的市场机会五个行动，营造良好创业环境；高校构建从本科、硕士到博士的创新创业教育体系，并基于创新创业过程提供分阶段的组织保障；企业、基金会、非政府机构等以多种形式参与高校创新创业教育。中国需要从战略角度思考生态系统建设，从而为创新创业教育护航。

二、高校创新创业教育生态系统建设的主要问题

从总体上看，我国高校创新创业教育生态系统建设仍存在资源

瓶颈、制度瓶颈和观念瓶颈，阻碍创新创业教育的顺利开展。

1. 创新创业教育资源缺乏有效整合

一是没有充分整合校内资源。很多高校缺乏统一的创新创业教育管理部门，有些即使设立了创新创业教育领导小组，在实际执行过程中仍显乏力，教务处、学工部、就业指导中心、团委等各自为政推进创新创业教育，缺乏必要的协作。二是没有充分整合校外资源。校外优秀的创业者可以为高校创新创业提供创业基金、创业经验和实习平台，但是目前很多高校在如何引进创业导师、创投导师等方面缺乏明确的规划和思路。三是没有充分整合网络资源。高校开展创新创业教育没有充分利用国内外开放的教育资源，也缺乏优秀的创新创业教育网络课程，导致创新创业教育的覆盖面和受益面有限。

2. 创新创业教育制度尚不完善

首先，不同利益相关者参与高校创新创业教育的激励制度缺乏。一是企业缺乏动力和高校开展紧密的合作推进创新创业教育；二是由于缺乏明确的收益分享制度以及受到传统高校职称评审制度的制约，专业教师参与创新创业教育的积极性和主动性没有得到充分调动，导致很多高校思政系列教师成为创新创业教育主力。其次，如何缓解学生学业与创业之间的矛盾缺乏制度性支撑。一是缺乏合理的大学生休学创业制度及其配套制度，休学创业的学生的医疗保障、学籍存放、复学年限等重要问题没有厘清；二是大部分高校缺乏创业活动与学业活动之间的学分互认制度，学生在创业实践活动中获得的知识、能力无法得到认可。

3. 创新创业教育存在观念上的误区

创新创业教育观念上的误区主要体现在以下三个方面。一是

“创建企业论”，将创业教育等同于培养学生创办企业所需的技能，忽略“岗位创业”“社会创业”等新型创新创业教育理念，导致教育功利化倾向，单纯以学生创业率作为评价创新创业教育成效的指标。二是“第二课堂论”，将创业教育等同于第二课堂的创业实践，将主要精力用于开展创业计划大赛、创业论坛、创业孵化等实践，忽略系统性、理论性创新创业教育课程体系的建设，无法为有不同需求的学生提供多样化创新创业教育，也无法给予学生提高创新创业能力的深层理论基础。三是“将创新与创业割裂”，空谈创新或无创新基础的创业，创新创业教育与大学的研发活动割裂，导致专业教师缺乏参与创新创业教育的积极性，大学创新成果对于社会经济发展的拉动作用非常有限。

三、高校创新创业教育生态系统构建策略

“创新创业教育生态系统”指的是通过组织变革、制度创新、文化引领等途径，形成高校内外部各利益相关者协同推进创新创业教育的良好氛围。“创新创业教育生态系统”的内部核心要素主要包括利益相关者（管理者、教师、学生、创业者、风险投资家）、资源（课程、知识、技术、资金、社会资本、校友）、基础设施（硬件设施、数字环境、跨学科交叉平台、孵化器、科技园）。此外，创新创业制度与环境是整个创新创业教育生态系统能够运行的外部条件。制度包括与创新创业相关的各项政策、师资激励制度、实践学分转换制度、创新创业准入制度等；环境包括创新创业氛围、社会对创新创业的认可程度等。

1. 不同主体的协作

首先，明确高校创新创业教育目标与定位，保证不同主体在参与创新创业教育过程中有共同的方向。其次，形成不同主体参与创新创业教育的长效机制。以创业者和风险投资家的协作为例，目前，家庭资金是我国大学生创业资金的最主要来源，其他创业融资方式对大学生创业经费支持的影响并不明显。有调查表明，大学生创业初期的创业资金仅3%左右来源于风险投资和创业基金等渠道，绝大部分来源于亲朋支持。这一结果表明，大学生创业者和风险投资家之间并不存在协同性，前者不能获得风险投资家的青睐，而后者则找不到合适的创业项目进行投资，两者之间应该形成长效的互相了解的渠道与机制。

2. 不同组织的协作

高校、企业与政府三者是创新创业教育生态体系的三个基本组织构成。三个基本组织内部首先需要协同发展，如高校内部学生处、团委、专业学院、招生就业处等在构建高校创新创业教育生态系统中的协作；企业内研发部门与生产部门的协作；政府部门内各机构的分工协作，如创业资金政策制定部门、工商部门、政策执行监控部门。同时，应该以高校为主，同时联合地方政府、社会企业，形成教育—政策—实践三位一体的创新创业教育生态系统。

3. 外部系统与内部系统的协调

创业存在于特定的创业环境中，有关创业的舆论导向（尊重创业、鼓励创业、宽容失败）、来自各方的支持程度（家庭、学校、社会）、市场环境存在的问题（如公平性问题、诚信经营等）、性别区别对待等均是创业环境的主要内容。同时，创业又是在特定制度引领下的行动。制度是任何行动的基石，应该具体剖析创新创业生态系统内的各个要素，形成与各要素相对应的制度规范，提升创新创业教育的开展成效。因此，高校内部创新创业生态系统与外部系统的协调主要体现在高校创新创业教育与创业环境的协调、创新创业教育与创业制度的协调。在与环境的协调上，通过大学生创业成功典型案例的宣传等方式、通过加大对国外成功创业经验的学习、通过优秀校友的经验分享，逐渐促进社会各个群体对大学生创业的观念转变；在与制度的协调上，创新创业相关制度的制定一定要与现实问题相结合，如创业导师的激励制度、学生实践学分的转换制度、创业资金的资助制度，这些制度应该常态化地实施，具有可延续性和可评估性。

当前我国高校分类体系建设的几个突出问题及对策建议

潘　黎

辽宁师范大学

【要点】 当前我国高校分类体系建设主要存在以下几个突出问题：行政导向下的高校分类体系影响深远；部分高校升格和更名的愿望依然十分强烈，与之相应的法律法规和政策文件还不够健全和完善；高校层级化分类倾向突出，充分展示高校多样性和特色化的动态描述性分类系统亟待建立；现行高校分类体系并没有突出以人才培养和社会需求为导向，是导致高校毕业生结构性就业难问题的一个重要原因。建议加强高校分类体系建设的组织保障；修改和完善高校设置与分类的相关法律法规和政策文件；探索构建以多样性和特色化为导向的动态描述性高校分类系统；按照以社会需求为主、以学术卓越为辅的原则全面深化我国高校学科专业供给侧结构性改革。

一、当前我国高校分类体系建设存在的几个突出问题

1. 行政导向下的高校分类体系影响深远，短期内难以消除

行政导向下的高校体系为环形分类，即中心是北京大学、清华大学，由内到外依次环绕着“985 工程”建设高校、设有研究生院大学、“211 工程”建设高校、中央部门直属高校、有博士授予权的高校、有硕士授予权的高校、普通本科高校、普通专科高校和职业技术学院。这种分类体系与其说是分类，不如说是分层。这种行政导向下的分类不但在资源分配、学科建设等影响高校发展诸方面易造成相互之间的不平等，更重要的是对大众在升学、就业甚至择偶等社会发展各个方面都产生了深远影响，这种影响在短时期内都难以消除。

2. 部分高校升格和更名的愿望依然十分强烈，现有相关法律法规和政策文件多是对高校拟升格或更名的条件的设置性规定，缺乏对现有高校进行分类的官方性认定

《普通本科学校设置暂行规定》和教育部已列入 2016 年工作重点并正在修订的《普通高等学校设置暂行条例》都对高校设置进行了最低条件性规定，上述文件仅对拟升格或更名的高校有吸引力和约束机制，已完成或无须升格或更名的高校对上述条件性规定并不关注。就目前情况看，虽然从《教育部关于“十二五”期间高等学校设置工作的意见》实施以来，国家对高校的升格和更名进行了大幅收紧和严格限制，但以下三种现象依然突出存在：以学院命名

的高校急欲更名为大学；专科学校升格为本科学院愿望强烈；独立学院转设独立设置民办本科院校顾虑重重，上述三种高校更加注重设置标准规定的硬线，以及升格或更名后的社会影响力，而没有在内涵建设和特色发展上做足文章。目前覆盖所有高校的规定性或描述性分类的官方认定还没有出台。

3. 高校层级化分类倾向突出，充分展示高校多样性和特色化的动态描述性分类系统亟待建立

就目前学界和第三方机构的高校分类体系来看，大都关注高校分类的应然状态，而对高校的实然分类重视不足，现在较流行的各种分类方法和体系都还不能充分体现出高校的多样化和特色。高校层级化分类倾向突出的同时，非层级化的分类也有出现，但又不能完全体现多样和特色两个特点。例如：依据高校的学科布局把高校分为综合性、多科性和专门性三类，而综合性和多科性的高校又各具特色，哪些高校能再归为一类？而且有的高校虽然学科设置相似，但具体到人才培养和科学研究的方向与具体特点又各有千秋，各成一类。因此，充分展现高校多样性和特色化的动态描述性实然分类体系亟待建立。

4. 现行高校分类并没有突出以人才培养和社会需求为导向，这也是导致高校毕业生结构性就业难问题突出的症结所在

现有的高校分类大多聚焦于高校科学研究职能倾向，例如，把高校分为研究型、研究教学型、教学研究型和教学型等。而众所周知，高校的三大职能除科学研究之外，还包括人才培养和社会服务，而人才培养又在三大职能中处于中心地位。高等学校人才培养和社会服务功能类型不清、定位不准，是导致高校毕业生所学专业与未来所从事工作吻合度不高、在校所学课程与未来工作实际关联

不大等问题出现的重要原因，更是造成当前我国高校毕业生结构性就业难的症结所在。

二、关于推进我国高校分类体系建设的对策建议

1. 加强我国高校分类体系建设的组织保障

借鉴全国高等学校设置评议委员会在我国院校设置，国务院学位委员会在我国博士、硕士学科授权点动态调整和教育部学科发展与专业设置专家委员会在本科专业设置中已发挥出的积极作用，建议由国务院牵头成立全国高等学校结构优化评议委员会。该委员会应是国务院领导的专家组织，具有非常设学术机构的性质，接受国务院的委托，对国内外高等教育发展趋势和我国高等教育结构调整的重大实践问题进行研究；开展我国高校、学科、专业结构与布局的发展规划研究；根据国家高等教育发展规划、社会人才需求、学科专业布点等情况，对国家高等教育结构调整提出决策建议，从而形成院校设置，博士、硕士学科授权点调整和本科专业设置三位一体的互通协调机制，并尝试吸纳国外专家。

2. 进一步修改和完善高校设置与分类的相关法律法规和政策文件

建议在未来出台的“双一流”建设具体实施方案中，主要对学科进行动态支持，除少数几所冲击世界一流水平的高校，尽量不要对学校划分层次。修改和完善后的高校分类法律法规和政策文件旨在促进我国高等教育系统多样化发展，引领高等教育结构分化和重组，实现高等教育结构的优化，而非给予高等学校升格或更名的遐

想空间。针对教育部正在修订的《普通高等学校设置暂行条例》，建议在修订过程中注重对高校类型的规定设置和实然划分，淡化高校层级的设置划分和应然规定。

3. 鼓励或授权社会第三方力量探索构建以多样性和特色化为导向的动态描述性高校分类系统

借鉴欧洲高校分类的经验，鼓励或授权社会第三方力量探索构建实时的、以“多样性”和“特色化”为导向的动态描述性高校分类系统，以应对即将到来的高等教育普及化时代。该系统充分考虑用户导向性原则和利益导向性机制，政府、家长、学生和用人单位等都可以根据各自的兴趣和利益选择分类标准与维度，从而得到不同的分类结果，充分体现出高校分类系统的多样性和特色化。该分类系统不评价高校的好坏优劣，也不规定高校的发展趋向，更不致力于影响高校领导者的决策，而是在展示高校多样性的同时，帮助利益相关者更加清楚地了解高校的特色特征。这个系统的分类结果既不是规定性的，也非形成性的，而是描述性的。当然这种分类系统是在官方认定高校分类体系下的一种有益补充，这在一定程度上也能更加有效地引导不同类型高校科学定位，在不同层次和不同领域办出特色。

4. 按照以社会需求为主、以学术卓越为辅的原则，全面深化我国高校学科专业供给侧结构性改革

充分调研我国实际，以我国高等教育供给侧结构性改革为契机，按照以社会需求为主、以学术卓越为辅的原则，优化我国高等教育的学科和专业结构。首先，优先支持能满足我国重大战略需求产业的升级又已具备卓越品质的学科；其次，要支持能满足我国重大战略需求产业的升级转型但尚还不具有卓越品质的学科；再次，

再考虑支持已具备卓越品质但尚不足以满足国家或区域重大战略需求的学科。除此之外，要注重跨学科支持，促进学科间交叉融合，从而满足我国重大战略和产业升级转型需求。深入调研我国产业升级和社会需求情况，高校专业设置链要紧密连接我国产业链，以专业建设为抓手做好地方高校向应用型高校转型的工作，不能以附和新兴行业为名，盲目设置专业，坚决撤销从高等教育大众化以来盲目跟风设置的实际应用性不强且很难落地、学生就业与所学专业吻合度不高而又“虚而软”的专业，重点设置和发展与我国社会发展紧密相关的就业面宽且“硬而实”的专业。

关于高校成立哲学社会科学普及工作演讲团的建议

李　群

中国社会科学院

【要点】以习近平同志为核心的党中央高度重视哲学社会科学，习总书记发表了“5·17讲话”，中共中央印发了《关于加快构建中国特色哲学社会科学的意见》（以下简称《意见》）。作为落实“5·17讲话”精神和《意见》的重要举措，在高校率先成立哲学社会科学普及工作演讲团非常必要。要明确演讲团三大主要任务，构建合理的管理体制机制，与高校思想政治教育工作相结合，探索普及中国特色哲学社会科学的经验和做法，为全国复制推广提炼模式。

习近平同志在2016年“5·17讲话”中指出，“一个国家的发展水平，既取决于自然科学发展水平，也取决于哲学社会科学发展水平”，“在我国，不坚持以马克思主义为指导，哲学社会科学就会失去灵魂、迷失方向，最终也不能发挥应有作用”。在纪念该讲话发表一周年之际，中共中央印发了《关于加快构建中国特色哲学社会科学的意见》，强调坚持和发展中国特色社会主义，必须加快构建中国特色哲学社会科学。当前，我国哲学社会科学、哲学社会科学工作者面临的一项紧迫任务就是坚持以马克思主义为指导，培育和践行社会主义核心价值观，引领多样化的社会思潮，加快构建中国特色哲学社会科学。作为落实“5・17 讲话”精神和《意见》的重要举措，我们建议，在高校率先成立哲学社会科学普及工作演讲团，立时代潮头，发思想先声，积极为党和人民述学立论、建言献策，广泛普及和传播中国特色哲学社会科学。

一、成立高校哲学社会科学普及工作演讲团的必要性

1. 是落实习近平同志“5・17 讲话”精神和《意见》的具体行动

国家发展需要加强哲学社会科学普及工作；巩固马克思主义在意识形态领域的指导地位，培育和践行社会主义核心价值观，需要加强哲学社会科学普及工作；加快构建中国特色哲学社会科学，需要加强哲学社会科学普及工作。成立高校哲学社会科学普及工作演讲团并积极开展工作，要高举中国特色社会主义伟大旗帜，深入贯彻习近平同志系列重要讲话精神和治国理政新理念新思想新战略，这是落实习近平同志“5・17 讲话”精神和《意见》的具体行动，

非常必要。

2. 是在全国范围深入开展哲学社会科学普及工作的助推器和加速器

对于科普应包括哲学社会科学知识这一点，长期以来人们并没有给予应有的重视和关注。在实际工作中，存在着自然科学普及与哲学社会科学普及“一手硬、一手软”的现象。“科普”也就成了自然科学知识的普及。哲学社会科学和自然科学同样重要，人文精神和科学精神也同样重要，它们就像车之两轮、鸟之两翼，互存互补，缺一不可。高校普及哲学社会科学工作具有强劲的优势，有很强的表率作用。因此，率先在高校成立哲学社会科学普及工作演讲团并积极开展工作，是一次伟大实践，是在全国范围深入开展哲学社会科学普及工作的助推器和加速器。

3. 是公众对哲学社会科学知识需求增长较快及提高哲学社会科学素质的客观要求

当前，开展哲学社会科学普及工作面临着人员、场馆设施、媒体、活动和产品供给不足等问题，造成公众获取哲学社会科学知识的渠道不畅。十八大以来，经济社会发展进入新常态，公众对哲学社会科学知识的需求、对继承优秀传统文化的需求、对提高自身哲学社会科学素质的需求迅猛增长，尤其是对当代中国马克思主义理论、方法和政治经济学，对经济学、管理学等一些实用性学科指导作用的知识需求不断增长。

二、高校哲学社会科学普及工作演讲团的主要任务

1. 宣传普及十八大以来习近平同志系列讲话精神

高校具有学科齐全、人才集中、资料丰富的优势，在中国改革开放和现代化建设的进程中，肩负着进行创造性的理论探索和政策研究，从整体上提高中国特色哲学社会科学水平的使命。宣传普及十八大以来习近平同志系列讲话精神，尤其是“5·17讲话”精神和《意见》，是全体高校的神圣职责。

2. 宣传普及马克思主义在意识形态领域的指导地位，培育和践行社会主义核心价值观

变革时代迫切需要哲学社会科学工作者发思想之先声、担历史之使命。新形势下，哲学社会科学地位更加重要，任务更加繁重。巩固马克思主义在意识形态领域的指导地位，培育和践行社会主义核心价值观，巩固团结奋斗的共同思想基础；贯彻落实新发展理念、加快转变经济发展方式、保障和改善民生、促进社会公平正义；提高改革决策水平、推进治理体系和治理能力现代化；不断提高党的领导水平和执政水平、增强拒腐防变和抵御风险能力；等等，都迫切需要宣传普及哲学社会科学并使之更好发挥作用。

3. 宣传普及中国特色哲学社会科学的基础知识、新发展及其社会实践

习近平同志在讲话中指出，“人类社会每一次重大跃进，人类文明每一次重大发展，都离不开哲学社会科学的知识变革和思想先导”。要解读好中国特色哲学社会科学的发展程度和中国特色哲

学社会科学对世界的贡献。把中国的实践探索好、经验总结好，为解决世界性问题提供中国方案和中国智慧。

三、成立高校哲学社会科学普及工作演讲团的建议

1. 演讲团的性质、专家来源和管理机制

演讲团是由中国共产党领导的，由教育部门发起、以资深学者组成的，为促进哲学社会科学普及工作而设立的公益性、群众性科研组织。演讲团以省（自治区、直辖市）为单位，在省（自治区、直辖市）内的高校中选取优秀专家学者组建团队，演讲团成员应当主要由当地科研人员组成，老中青结合，适当增加哲学社会科学学科的中、老科研人员的比例，并将部分资深教授纳入进来。演讲团设立团长和秘书处，团队成员控制在 50 人左右，保证团队精干。在管理机制上，演讲团归当地教委（教育厅）主管，并接受教育部的指导，因地制宜地在当地高校等地方开展哲学社会科学普及的演讲活动，并由主管部门定期向教育部汇报演讲内容、活动安排及效果。

2. 开展演讲活动的方式、内容和范围

演讲团的活动应当是在省（自治区、直辖市）教育工委（党组）的领导下，由教育主管部门组织安排，通过不计报酬的公益讲座的形式，在当地高校等地方开展哲学社会科学普及演讲活动。演讲过程中注意采集影像音频资料，运用现代传播手段进一步扩大哲学社会科学的影响范围。

演讲主要内容包含马克思主义中国化理论研究、中国特色哲学

社会科学理论内涵、新发展、新实践和方法等。演讲团讲座应当成为高校及地方思想政治教育的重要活动之一和大学生高校思想政治课程学习之外的重要补充，也要成为人民群众提高哲学社会科学文化知识水平、弘扬优秀传统文化的重要载体。

根据需要，还要突出党建引领，将演讲团的活动扩展到非公有制企业、社会自发组织等领域，培育和践行社会主义核心价值观。通过播放视频、电视直播等方式，将演讲团覆盖范围进一步扩大，做到立足高校、辐射周边、社会共享。

3. 探索普及中国特色哲学社会科学的经验和做法，为全国复制推广提炼模式

高校肩负着普及和传播马克思主义的基本理论、普及和传播哲学社会科学知识的重任。大学生是党和国家未来发展的新鲜血液，高校有责任培养思想过硬、专业优异的人才队伍。要坚持为人民服务、为社会主义服务，坚持百花齐放、百家争鸣，立足中国、借鉴国外，挖掘历史、把握当代，关怀人类、面向未来，充分体现继承性、民族性、原创性、时代性、系统性、专业性，创新发展哲学社会科学。在开展演讲团活动及组织活动过程中，要研究有效的中国特色哲学社会科学普及方法，也要摸索出一套释放活力、管理有效的组织管理方法。以讲座促交流，在组织演讲的同时，积极开展演讲团所在地区高校思想政治工作交流活动，相互借鉴学习思政工作的先进经验，将高校思想政治宣传工作纳入演讲范围。通过演讲团的方式和大学生交流互动、教学相长，促进中国特色哲学社会科学理论探索，精心培育大学生群体的社会主义核心价值观。

总之，要通过在高校率先开展演讲团的活动，动员哲学社会科学界及哲学社会科学工作者，积极探索普及中国特色哲学社会科学

的经验和做法，为下一步全国复制推广哲学社会科学普及工作演讲团经验提炼典型模式。

4. 建立哲学社会科学普及工作演讲团的保障机制和长效机制

要实行哲学社会科学普及工作演讲团备案制度，给予一定的活动经费，保证演讲团活动顺利开展。要在主管部门党委（党组）领导下开展演讲团工作，精选骨干演讲成员，精选演讲内容，注重演讲成效，及时调整、优化演讲团的年龄、性别、学科构成，对做出突出贡献的演讲团成员给予表彰奖励，形成开展活动的长效机制。

大学生村官制度：实施问题与政策建议

朱益明　田贤鹏

华东师范大学

【要点】实施大学生村官制度是国家提升基层治理能力、推进新农村建设和促进大学生就业的一项重大举措。当前，基层社会发展环境与大学生群体特征正在发生显著变化，大学生村官制度实施在岗位选聘机制、后续支持政策、身份认同、管理协调方面存在一些突出问题。建议从国家战略高度重视大学生村官制度，改进和丰富现有的大学生村官选聘机制，改善大学生村官学历结构，提升服务“三农”的专业匹配度，同时为在岗大学生村官提供持续发展的空间和机会，给予大学生村官更多的人性化关怀和福利性待遇。

据《2016—2017中国大学生村官发展报告》，2015年，我国在岗大学生村官人数接近13.8万，全国累计流动大学生村官31.3万人。当前基层社会发展环境与大学生群体特征正在发生显著变化，大学生村官制度实施中出现了诸多问题，并受到社会各方的质疑和批评。

一、大学生村官制度实施中的四大问题

1. 大学生村官岗位选聘机制不完善，关键信息不对称，人岗匹配度弱

首先，大学生村官的选聘方式比较单一，仍然以理论考试为主，缺乏对考生其他实践能力的综合考察。其次，大学生村官实际服务的基层单位没有参与到选聘过程中来，造成选人与用人的分离。再次，岗位信息不具体、不完善，大学生村官报考者对于实际服务岗位具体要求不了解。这些导致了入职大学生村官不能尽快适应和胜任岗位要求，无法发挥自身优势和特长。

此外，诸多大学生在没有更好选择的情况下考了村官，他们并没有服务农村基层社会的志向。无疑，这不利于发挥大学生村官在新农村建设和农业现代化建设中的主力军作用。

2. 大学生村官施展能力空间有限，缺乏后续支持政策，愿意留在农村的比例低，扎根农村的比例低

大学生普遍认为农村社会关系相对固化，农民对于新知识、新变革的接受能力和接受度比较低，他们到岗后大多从事一些打杂性日常工作，难以真正施展自身能力和抱负。

当前大学生村官聘期一般为 2—3 年，服务期满后也没有完善的跟进支持和配套政策，造成这些大学生村官面临巨大的思想、生活、婚姻和再就业等各种压力。虽然现有政策规定大学生村官在考研、考公务员等方面有被优先录取的权利，但实际意义并不大。他们面临着“聘期结束即失业”的风险。这严重挫伤了大学生村官长期留在农村、扎根农村的意愿。

3. 社会对大学生村官缺乏身份认同，大学生村官的自我认同不够，缺少工作成就感和幸福感

大学生村官并不是“官”。与公务员相比，他们不仅没有公务员的待遇和地位，更没有公务员的稳定编制，面临着“临时工”身份的尴尬。社会（包括被服务的农村社会）、家庭对于大学生村官的认同度普遍不高。城市籍大学生村官比例非常低，而且农村籍大学生回去任“村官”也面临巨大压力。农村基层社会仍然认为考上大学是“鲤鱼跃龙门”，留在城市才是有能力、有出息，而回到农村则被认为没有出息、没有能力。更为严重的是，大学生村官的年龄一般介于 22—30 岁之间，正处于人生的关键阶段，在社会不认可与生活没保障的双重“威逼”下，缺乏身份的自我认同感和实际工作带来的成就感，久而久之，便出现严重的自我怀疑，易陷入“混日子”的迷茫与彷徨。

4. 大学生村官管理部门不具体，部门间协同不够、相互推诿，合法权益得不到有效保障

大学生村官管理异常复杂，不仅关涉教育、农业、财政、组织、人力资源与社会保障等职能部门的职责权限，还关涉中央与地方、地方各级部门之间的协同合作。从现阶段看，尽管各级各类部门对于大学生村官问题极其重视，各级政府、各类部门也都制定了

很多管理办法，但却存在责任不明晰、方向不一致，不同部门、层级规章制度相互冲突等诸多问题。部分地区甚至存在拖欠、克扣或者不按规定发放大学生村官薪资等损害大学生村官合法权益的现象，但因没有统一的归口单位而找不到具体的负责单位和维权申诉渠道，造成诸多实际问题得不到及时有效的解决。

二、主要的政策建议

1. 从国家战略高度重视大学生村官制度在新时期的重要价值

各级政府部门和高等学校必须充分认识到大学生村官制度的全新时代价值。实施大学生村官制度，不能以解决大学生就业困难为前提，必须将大学生村官制度上升到国家战略高度，把大学生村官制度作为建设社会主义新农村、培育新型职业农民、推进农业现代化和践行社会主义核心价值观、促进社会和谐建设的重大举措。大学生当村官不是权宜之计、过渡之策，而是高等学校服务于农村社会经济全面发展、国家实施精准扶贫的长远战略。要使大学生村官制度沿着上岗有竞争、岗位有实效、在岗留得住、发展有动力的方向发展。各级政府要进一步完善各种政策措施，高等学校也要为培养大学生村官献计献策和提供切实支持，使大学生到农村就业、到基层工作有充分的思想准备、专业修养和长远追求，要考虑把培养和输送大学生村官作为学校的常态化工作，不能等到毕业时才开展应急性工作。

2. 改进和丰富现有的大学生村官选聘机制

村官的日常工作紧贴农村、农民和农业，具有非常强的应用性和实践性。刚毕业的大学生的社会化程度普遍不高，往往更习惯于课程化的理论学习。目前大学生村官选聘虽有面试环节，但理论考试仍居主导地位。理论考试内容往往与实际岗位的实践能力要求之间脱节，在一定程度上将一大批真正有志于在基层社会工作的大学生排除在外。调研显示，村委相关工作人员及村民对大学生村官动手能力不足、应变能力不够的问题均有反映。

为此，必须从源头上改革大学生村官的选聘机制，探索以程序规范为基础的“申请—考核—录用”制。在信息公开的基础上，保证大学生村官选拔过程的公平、公正与公开，避免选拔中的“应试”与上岗要求的不匹配。

3. 为大学生村官在岗时的自主创业提供全方位支持

当前，我国农村社会正处于一个转型发展阶段，大学生村官要成为农村“大众创新、万众创业”实践者、示范者和引领者，而不是单纯的“三农”服务管理者。鼓励大学生村官在岗位上创新创业，不仅可以解决大学生村官的后续发展问题，还可以切实推动农村社会的整体发展。

为此，政府和社会要鼓励、支持和组织大学生村官参与创业培训，提升大学生村官的创业技能，带动农村社会的创业氛围；为大学生村官创业提供贷款免息政策和税收优惠政策，提供具体的资金支持；倡导地方政府和民间合作设立大学生村官创业基金，为大学生村官创业提供孵化支持。

4. 改善大学生村官学历结构，提升服务“三农”的专业匹配度

截至2015年年底，在学历情况上，在岗大学生村官主要以专

科生和普通院校的本科生为主，研究生比例约为5.26%；在所学专业情况上，农林渔牧类专业占5.9%。鼓励和吸引重点高等院校的优秀毕业生，包括研究生，应聘、担任大学生村官，提升大学生村官服务农村基层社会的能力，非常必要。

高等院校，尤其是一些农林类高校，必须加大对大学生村官培育与输送工作的重视，要在专业设置、招生录取、教育教学、社会实践以及就业指导方面，为大学生到基层农村工作和担任村官提供系统化设计和支持。农林类高校必须体现服务"三农"的思想和行动，切实提升大学生村官服务农村的专业性和匹配度。

5. 为在岗大学生村官提供持续发展的空间和机会

农村社会相对封闭、信息流通相对较慢，为大学生村官的可持续发展提供学习和交流机会至关重要。

①为大学生村官提供更有针对性和实效性的上岗培训和在岗指导，为大学生村官配备"导师"（有丰富基层工作实践经验的同志），快速提高他们的实践工作能力。②建立大学生村官交流学习平台与网络，包括协会、专题网站、专门刊物等，定期组织交流研讨活动，使这些村官相互学习、共同进步。③完善大学生村官在选调生、公务员与研究生考取方面的实质性政策支持，如直接从大学生村官中招录选调生、公务员，或者借鉴免费师范生攻读教育硕士模式，让大学生村官直接免试攻读与"三农"相关的硕士学位。

6. 给予大学生村官更多的人性化关怀和福利性待遇

大学生村官不仅需要有待遇保障，更需要有人文化、人性化的情感关照，充分考虑大学生村官的家庭、生活和婚姻等具体的现实问题。

①支持大学生村官回户籍所在地工作，避免大学生村官在户籍

地与服务地之间疲于奔波。②给大学生村官在服务地安家落户提供便利，包括划拨自留地与宅基地等。③根据大学生村官意愿灵活调整聘期年限，并逐年提升薪资待遇。④为大学生村官在服务地建房、购房和结婚安家提供专项补贴。

7. 在县级层面建立大学生村官“一站式”服务与管理办公室

当前，侵犯大学生村官合法权益问题时有发生，在乡镇层面往往难以得到解决。大学生村官由乡镇直接管理，村委负责实施执行，管理层次过低不利于大学生村官及时反映和解决农村社会面临的突出问题。

建议建立以县为主、责任明确的大学生村官管理体系，统一大学生村官管理的归口部门，在县级层面建立大学生村官领导管理办事室或者工作组，使大学生村官的权益得到充分的制度保障。

社会转型进程中教师道德的文化断裂及其重建

蔡辰梅
广州大学

【要点】 社会转型进程中的教师道德面临着深层的文化断裂问题，其现实表征为已然拒绝传统文化中的“神圣道德”，却又在追求大众文化的“世俗道德”中感到失落，在放弃了传统的“士”阶层文化的责任伦理的同时，现代专业文化的专业伦理却未能确立，属于群体文化的教师集体伦理无法内在认同，而属于个体文化的“道德自我”也未能独立构建。这是由对传统道德文化的误解，对现代专业伦理文化的轻视以及主体性自我道德文化的抑制所致。因此，教师道德的重建就需要加强对传统“师道”文化资源的现代挖掘，为教师道德重建提供传统文化支撑，与此同时重视现代专业文化建设，为教师道德提供专业知识基础和资源支持，最后强化与教师“道德共同体”

相关联的个体道德文化意识的培育，实现个体自我道德与群体道德的良性互动。

在社会转型进程中，教师的道德状况面临着巨大挑战，也暴露出严峻的问题。基于文化与道德的内在关联，本研究认为有必要从社会转型进程中文化断裂的视角对教师道德问题进行更为深刻而开阔的分析，进而提出社会转型进程中教师道德的文化重建路径。

一、社会转型进程中教师道德文化断裂的现实表征

社会转型进程中教师道德的文化断裂意指教师的道德失去了原有文化的支撑而新的文化支持系统却未能建立，个体道德在方向上迷失，失却其根基。

1. 已然拒绝传统文化中的“神圣道德”，却又在追求大众文化的“世俗道德”中感到失落

在传统文化中，教师享受着“天地君亲师”的神圣敬重，同时也自愿接受“人之模范”的神圣道德要求，愿意在整个社会中扮演化民成俗、行为世范的道德榜样角色，从而赢得了“师道尊严”的尊崇。然而，在大众消费文化的侵袭之下，教师对倡导“神圣道德”的传统文化日渐拒斥，开始让自己投入不带框架和束缚的世俗文化潮流之中。在这样的“道德松绑”之后，一些教师在自我的道德空间中却完成了别样的转换——从追求“教书育人”转而追求“发家致富”。于是，曾经的“师道尊严”在教师心中坍塌的同时，

也在大众心中倾倒，追求“俗世物欲”的教师，也被世人当成“俗人”看待。如此，教师既因为放弃对传统文化中师道尊严的维护而失去了尊崇，却又在满足了俗世的物质欲望之后怀恋曾经的尊重。

2. 已经放弃传统“士”阶层文化的责任伦理，而现代专业文化的专业伦理却未能确立

在传统社会中，“士”阶层因承担文化传承的使命以及自觉的责任担当意识而成就了其厚重的身份文化。因此，传统文化中的教师道德有着厚重的责任感、使命感，以及对于自我之外更为广阔的社会生活的关切。然而，伴随学科专业分化进程而进入到专业生活中的教师，越来越局限于狭窄的专业领域，而日渐遗忘或者放弃了传统的身份意象和责任伦理。然而，专业意识的淡泊、专业知识的匮乏以及对源于西方的专业文化的“水土不服”，都使得教师专业伦理的建立面临着源自内外部的各种制约。传统的身份文化已经放弃，包括这一身份所承载的道德意义，而作为专业人的身份文化却尚未确立，尤其是道德意义上的自我胜任和完成。

3. 无法认同属于群体文化的教师集体道德，而属于个体文化的“道德自我”也未能获得主体性的建构

教师群体文化的典型特征就在于其浓厚的道德色彩以及对群体社会声望的看重。“我们当老师的”，曾经是他们自豪的集体宣称。然而，在社会转型过程中，却有一些教师羞于说出“我是一个教师”，对群体文化产生出一种轻视和耻感。这是由于“基于个体道德失范的扩散性影响”和“基于群体道德声望降低的覆盖性影响”，让每一个教师都背负了污名。如此，教师既无法借由认同集体道德来充实个体的道德世界，也没能做到经由个体道德世界的高

洁风范而改善群体道德，在集体文化与个体文化的双重危机中，教师的道德无处安放、难获支撑。

二、社会转型进程中教师道德文化断裂的原因剖析

1. 对传统文化中优良道德传统的误解或拒斥

“传统的就是‘封建的’”，“传统的就是落后的”，成为一代人对待道德文化的态度和方式。这种对传统文化的误解或排斥，导致教师无法从厚重的传统文化中汲取优良道德传统的滋养，无法获得足以成为道德信仰的文化支撑。

2. 对现代文化中专业伦理精神的轻视或逃避

对于现代文化中的专业伦理精神，很多教师抱有轻视或逃避的态度，满足已有经验而懈怠于科学探究和批判反思，陷于消极经验主义的泥沼而难有持续的成长。这种专业伦理精神的缺失表现为逃避寻找现代专业文化的有力支撑，逃避对系统的专业科学知识的汲取，使自我道德难以获得专业伦理知识和专业能力的有力支持，造成专业生活中司空见惯的“无知之恶”。

3. 对个体文化中道德自我主体性的抑制或放逐

教师的道德主体性突出表现为对各种文化价值观的判断和选择，对各种文化潮流的反思和取舍。然而，在席卷一切的市场经济潮流和大众消费文化的影响下，个体的道德自我会被放逐，道德自我的主体性思考和批判会被无形抑制，从而在随波逐流中，放弃对自我身份所承载的独特道德使命的确认和坚守。

三、社会转型进程中教师道德文化重建的对策建议

1. 加强对传统“师道”文化资源的现代挖掘，在教师教育中强化传统师道文化教育

在中国传统文化中，“道之所存，师之所存”，教师是因道而生、为道而生的。因此，教师需要回到传统师道文化之中，深刻领悟“道”对于“师”之重要，领悟高尚道德对于教师身份的特殊意义，进而重新确立教师身份的崇高维度和神性所在，进而重塑师者应有的道德高度和形象。具体而言，在职前教育中，加强传统道德文化教育，尤其是针对师范生的传统“士”阶层的道义担当和家国情怀等责任伦理传统的教育，以及传统师道文化中“宏道在我”“传道解惑”“行为世范”等高尚道德文化教育，重建教师道德文化的高尚维度，以高水平的教师道德文化引领整个社会的道德水平提升。在职后教师培训中，设置固定的传统文化模块，形成系列化的师道文化课程，用传统文化中深厚的道德韵味激发教师的道德激情和文化责任感，使其在深研传统文化的过程中涵养自我道德，在提升自我道德的过程中弘扬传统文化，形成传统文化学习与自我道德修养提升的内在一致性。

2. 重视科学求实、追求卓越的教师专业文化建设，强化实证研究和教育培训，为教师道德建设提供专业的知识基础和资源支持

现代文化的精细化分工以及各种职业的专业化发展，决定了只有更加专业才能更加道德。只有在专业文化的整体支撑之下，专业道德才会有更为完整和健全的支撑，才能得到更为彻底的实现。教

师职业生活中的“无知之恶”和“无能之恶”，是专业知识的匮乏与专业能力的欠缺而导致的教师道德问题，并非教师主观意愿上“故意为恶”。因此，加强科学求实、追求卓越的教师专业文化建设，提升教师的专业伦理意识和专业道德追求；强化实证研究和教育培训，为教师道德建设提供专业的知识基础和资源支持。同时，开展校本化的专业伦理诊断和校本化师德培训，发现教师专业生活中的现实的知识和能力困境，进而以学校为基础营造教师专业文化氛围和加强专业伦理支持。

3. 强化与教师“道德共同体”相关联的个体道德文化意识的培育，激发其集体道德意识，实现个体自我道德与群体道德的良性互动

教师道德的重建就是要避免现代化进程中产生的绝对的极端化个人主义的危害，加强培育教师个体的“道德共同体”意识，发现自我道德重建的共同体意义，进而重建作为教师群体的“我们”的道德，最终重建个体道德与集体道德之间积极的关联和互动。具体而言，需要在教师群体中强化集体意识，加强对教师群体身份的道德自觉，确立“我”和“我们教师”在道德上的荣辱与共的观念，激发每个教师以个体道德的自律、自主，重塑社会和公众对教师道德形象的认知，重建人们对教师道德的信任，将个体道德自我的主体性充分发挥和展现出来。这就需要相关部门加强对教师群体道德意识自觉的激发，注重对典型教师道德事迹的精神和物质的激励，严厉打击故意炒作和“抹黑”教师形象、不负责任宣传报道教师的媒体，多措并举，实现对教师道德的重建。

推进“一带一路”研究生教育合作 夯实高层次创新人才供给基础

阚 阅 辛越优

浙江大学

【要点】 当前，“一带一路”沿线国家经济发展不平衡，综合创新能力欠佳，大学基础实力薄弱，我国研究生教育的国际引领能力不足，制约着“一带一路”研究生教育合作的广度、深度、厚度和强度。推进高质量的民心相通，需要加快关键节点国家研究生教育合作，满足“六廊、六路、多国多港”的高层次人才需求；强化政策与经费保障支撑；支持大型企业海外实验室和研究基地发挥科研优势；提升我国研究生教育办学实力，塑造合作的“成功典范”。

“一带一路”建设不仅需要充足的人力资源支撑，而且更需要高层次创新型人才的引领和支撑。2016 年，习近平同志指出，着力深化人才培养合作，携手打造“智力丝绸之路”。加强“一带一路”沿线国家研究生教育合作，可以提升高层次人才供给能力，增强科技创新实力，推进高质量的民心相通。

一、当前制约“一带一路”沿线国家研究生教育合作的几大难题

1.“一带一路”沿线国家经济发展不均衡，研究生教育合作难以两相情愿

“一带一路”沿线国家经济水平严重影响研究生教育的合作与推进。一是经济发展差异大，研究生教育深度合作的“共享性不高”。“一带一路”沿线 64 个国家中，只有以色列、新加坡等 7 个国家属于发达经济体，占沿线国家总数的 10.94%，其余的 57 个国家均属于发展中经济体。发达经济体与发展中经济体之间存在着研究生教育质量上的本质差异，互利共赢的合作效果并不明显。二是中国与其他“一带一路”国家经贸往来不均衡，研究生教育合作的现实驱动力不足。2014 年至 2016 年，中国同“一带一路”沿线国家贸易总额超过 3 万亿美元，中国对“一带一路”沿线国家投资累计超过 500 亿美元，但主要还是与传统的经贸合作国家有深入往来。以 2017 年一季度为例，中国对俄罗斯、巴基斯坦、波兰、哈萨克斯坦和印度等国进出口分别增长 37%、18.7%、19%、69.3%和 27.7%，数倍于全球贸易增长的平均水平，但与战乱国家，如阿

富汗、伊拉克、叙利亚等国的合作却仍然未见实效。三是研究与发展（R&D）投入“个别高，整体低”，导致研究生教育合作与发展所需的科学研究支撑软实力不够。2014 年，在世界研究与发展投入占国内生产总值的百分比排名中，“一带一路”沿线国家位列前 20 名的仅有以色列、斯洛文尼亚、新加坡、中国、捷克 5 个国家。以色列的投入最高，达 4.3%，但是在倒数 10 位的国家中，“一带一路”沿线国家有 7 个，占比都是在 0.25%以下，差距相当大。

2. “一带一路”沿线国家综合创新能力欠佳，依靠科技创新成果助推研究生教育质量快速提升“任重道远”

“一带一路”国家科技创新处于世界末端，阻碍研究生教育的知识与技术更新。一是世界的前沿创新仍然集中在发达国家，“一带一路”沿线国家中仅有中国、以色列、俄罗斯等国略有优势。在 2017 年世界创新指数排名前 20 位的国家中，“一带一路”沿线仅有新加坡和以色列 2 个国家。另外，2016 年，在国际专利授权数量位列前 10 的国家中，“一带一路”沿线国家中仅有中国 1 个国家。二是“一带一路”沿线的非洲国家多年来科技创新停滞不前，支撑研究生教育发展难度大。从 2016 年世界各地区国际专利增长比例来看，最快的是亚洲，从 2002 年的 18%增长到 2016 年的 47.4%。而其他各洲都呈下降趋势。非洲从 2002 年的 0.4%下降到 2016 年的 0.2%，科技远落后于其他各洲，难以支撑研究生教育整体发展。

3. “一带一路”沿线国家大学基础实力薄弱，支撑研究生教育合作与发展的现实条件不足

“一带一路”沿线大学的硬件和软件支撑高水平研究生教育的实力明显不足。一是“一带一路”沿线的大学水平与欧美国家相比差距太大，使得研究生教育合作更倾向于欧美发达国家。在世界大

学学术排名、泰晤士高等教育世界大学排名（THE）、《美国新闻与世界报道》世界大学排名三大榜单中，仅有不到25%的“一带一路”沿线国家高校上榜；入围三大榜单500强的也很少，且总体排名靠后，在三大排名中平均约占6%，且主要集中在以以色列、俄罗斯和新加坡为代表的少数高等教育强国。二是“一带一路”沿线国家的大学科技与研究实力与欧美相差甚远。在国际专利申请（PCT）中排名前50的大学中，“一带一路”沿线国家有10所（中国5所、沙特2所、新加坡2所、以色列1所），排名前50的大学绝大多数是美国的大学，达到25所，且前5名都是美国的大学。“一带一路”大学的研究实力与水平难以支持整体的研究生教育发展。

4. 我国高校研究生教育走出去和引进来的能力与步伐失调

研究生教育走出去彰显实力，引进来体现魅力，我国现阶段的研究生教育与世界一流大学相比还有一定距离。一是中国主动走出去进军海外研究生教育市场步伐缓慢。截至2017年6月，海外104个办学机构来华办学117所（本科层次79所，硕士以上层次38所）。我国16所大学在海外办学17所，其办学数仅占海外大学来华办学总数的14.5%，就学人数的差距更为显著，走出去的研究生教育更是屈指可数。二是我国高校吸引高层次留学研究生能力不足。从2014年全球8大留学目的国的留学生占其高校在校生的比例来看，最高的是澳大利亚和英国，分别达到17.97%和17.46%，而我国则仅为0.46%；从学历层次比较来看，我国硕士层次留学生的比例为2.3%、博士层次为3.9%，而对应学历层次的留学研究生占其高校在校生的比例在澳大利亚为40%和34%、英国为37%和42%，差距相当明显。三是世界一流大学数量与中国经济大国实力不匹配，引进来研究生教育合作缺少“学术温床”。目前，从一流大学和一流学科指标来看，我国与欧美国家大学差距甚远。如2006—2016年，哈佛大学的《自然》和《科学》杂志论文数、基本科学指标数据库（ESI）高被引论文数、收录论文总被引次数、人均引文数远远超过进入前100位的6所中国高校总和。且中国顶尖高校的整体贡献率较低，如在《自然》和《科学》杂志发表的论文数占1.31%、ESI顶级学科数占3.33%、ESI高被引论文数占3.24%。大学研究实力的差异，使得我国在与“一带一路”沿线国家进行研究生教育合作时，不具备太多优势和吸引力。

二、推进“一带一路”沿线国家研究生教育合作的若干建议

1. 加快关键节点国家研究生教育合作，满足“六廊、六路、多国多港”的高层次人才需求

“一带一路”建设主要是发展经济，研究生教育合作主要服务于培养高层次人才，满足“一带一路”建设之需。由于“一带一路”沿线国家发展水平不均衡，研究生教育合作难以做到全面开花，应当抓住关键节点国家有针对性地加以推动。“一带一路”建设着力在新亚欧大陆桥、中蒙俄、中国—中亚—西亚等“六大经济走廊”，铁路、高速公路等“六路”以及包括新加坡港、马来西亚巴生港和关丹港、印度尼西亚雅加达港等“多国多港”方面推进“互联互通”。因此，“一带一路”研究生教育应当首先在这些重点区域选择关键节点国家加快推进合作。

2. 强化“一带一路”研究生教育合作的政策与经费保障支撑，构筑互利共赢的合作基础

互利共赢的研究生教育合作，应当以共商、共建、共享为原则，从经费支撑、文凭互认、教育战略对接等方面给予保障。第一，合作办学权力逐步下放，优化研究生教育走出去和引进来的程序与审批制度。第二，加强对“一带一路”沿线国家来华留学研究生的资助力度，特别是在“一带一路”政策沟通、设施联通、贸易畅通、资金融通、民心相通“五通”领域急需的人才专业领域给予倾斜，进一步解除来华留学研究生毕业工作的政策束缚。第三，扩大来华留学研究生在华创新创业的政策范围，进一步畅通来华留学研究生就业和实习的渠道；推动“一带一路”沿线国家研究生教育联盟的构建，提升研究生教育合作质量。

3. 支持大型企业海外实验室和研究基地发挥优势，在“一带一路”国家开展研究生教育合作，将科学技术研究优势转化为研究生教育合作优势

鼓励和支持“一带一路”沿线国家的大型企业利用海外实验基地的人才、科研设备、科技成果等，培养“一带一路”建设所需的各类高层次研究型、工程技术型人才。一方面，基于“一带一路”重点产业和关键技术攻关，对应开展研究生教育合作的专业领域。另一方面，紧扣设施联通重要合作领域内容，加快工程科技类专业型硕士、博士研究生的合作培养，在为企业发展增补后续高端力量的同时，也有效促进所在国研究生教育的质量提升。

4. 提升我国高校研究生教育的办学实力，塑造“一带一路”研究生教育合作的成功典范

根据“一带一路”建设全局性要求，及时推进研究生教育国际

化战略性布局，培养适应“一带一路”发展的各类高层次创新性人才与领导者。第一，鼓励国内研究型大学主动走出去，吸引沿线研究生教育实力强的大学走进来，推动特色优势专业的高层次教育合作。第二，支持沿边开发开放城市所在地的大学积极大力发展研究生教育，利用区位优势推进与沿线国家的合作，形成沿边区域培养高层次人才的示范大学。第三，努力提升我国大学国际化水平，大力引进优质外籍教师，提升研究生课程的英文讲授能力和交际能力，全面提升我国研究生教育质量，为“一带一路”建设提供高层次智力支撑。

2016年教育网络舆情总体特征①

田　凤　马艺方

中国教育科学研究院

【要点】课题组通过中国教育科学研究院教育舆情监测系统，抓取各类媒体教育舆情数据近590万条，经聚类查重和汇总分析，筛出国内媒体关注的教育事件751起，国外主流媒体关注的教育事件194起。统计显示：高等教育领域发生的事件仍备受关注；高考改革、跨省生源调控、“双一流”、义务教育一体化等热词关注度最高；校园网贷和电信诈骗、校园欺凌和暴力事件受到广泛关注；美、英、日三国主流媒体对中国教育关注度高；外媒的正面报道居多。

① 本文为中国教育科学研究院2017年度基本科研业务费专项基金项目研究成果，项目负责人为田凤，数据处理由马艺方、罗李、刘继文完成，项目组其他成员包括魏铁娜、魏向赤、崔吉芳、赵子莹、何春、马筱琼、张臻、金龙。

2016年是我国“十三五”规划的开局之年，也是持续深化教育综合改革之年。国家围绕依法治教、统筹城乡教育均衡发展、中考制度改革、学生发展核心素养等重要议题，在教育各领域出台了一系列重大方针政策，中国教育改革向着民生关切的热点、难点问题持续发力，进一步增强了民众对教育改革的信心。另一方面，高考跨省生源调控计划、校园借贷、校园欺凌等话题也受到社会的广泛关注。

一、国内教育舆情总体特征

1. 新闻网站报道的教育信息排行

对新闻网站进行监测，抓取到2亿余条新闻类数据，按照网站报道版块，对信息进行分类统计显示，2016年教育类新闻信息量近590万条，排在11位，占信息总量的2.94%（见表1）。

表1　新闻网站报道的各类信息排行

序号	分类	新闻信息量（条）	占比（%）
1	经济	50739110	25.32
2	社会	24878835	12.42
3	文化娱乐	23356126	11.66
4	政治	15704417	7.84
5	医药卫生	14303599	7.14
6	科技	13540235	6.76
7	房产	12830631	6.40
8	旅游	11432330	5.71

续表

序号	分类	新闻信息量（条）	占比（%）
9	国际	11190653	5. 59
10	体育	10884589	5. 43
11	教育	5899801	2. 94
12	军事	5609203	2. 80

注：因四舍五入，百分比之和可能不等于 100%。后同。

2. 年度教育十大热词

利用监测系统语料库和语言信息处理技术，根据行业关键词抽取出全年近 590 万条的教育新闻信息，按照不同媒体报道相同话题的篇幅数量以及词语频率综合计算得出 2016 年十大教育热词。高考改革、跨省生源调控、“双一流”、义务教育一体化、校园贷、毒跑道、校园欺凌、电信诈骗等受到媒体的广泛关注（见图 1）。

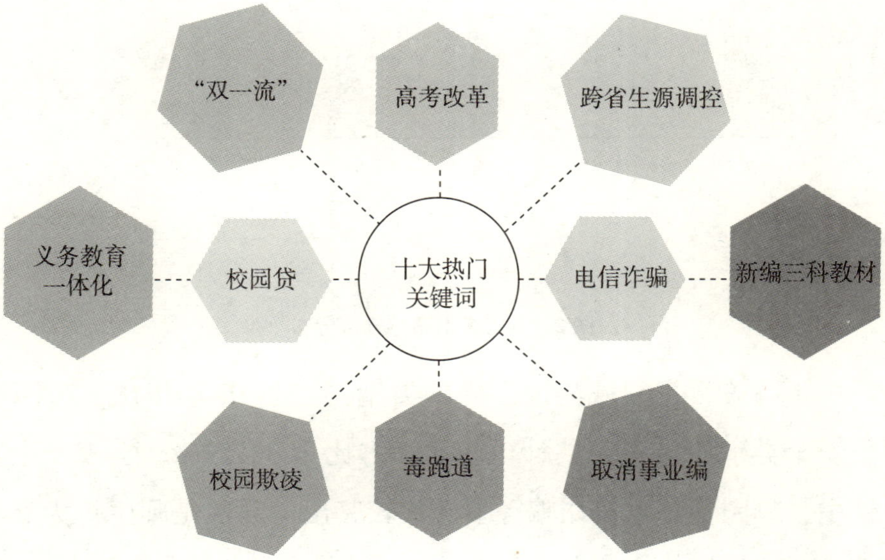

图 1　2016 年度教育十大热词

3. 高等教育领域发生的事件仍然备受关注

2016 年高等教育领域发生的舆情事件共计 325 起，仍居各学段教育舆情首位，占比为 43.28%。义务教育次之，共计 235 起，占比为 31.29%（见图 2）。近年来，高等教育发展成效显著，高等教育规模实现跨越式增长，投入也保持稳步增长，从推进“双一流”建设到扩大实施高校招收贫困生专项计划、鼓励高校教师“离岗创业”等一系列利好政策的出台，增强了民众对高等教育的信心，受到社会的高度关注。

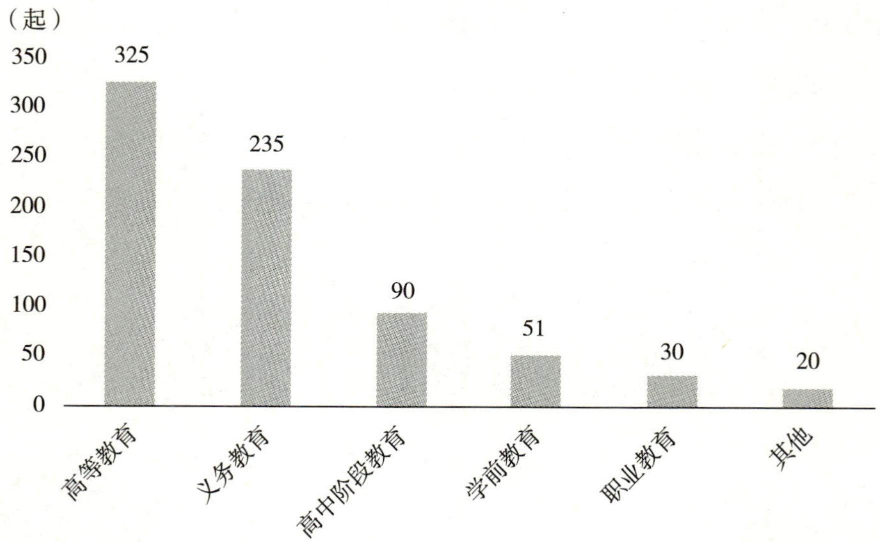

图 2　教育舆情事件领域分布

关于高等教育领域舆情事件的类型，与 2015 年相比，2016 年学校安全类事件最多，共计 108 起，占比为 33.23%。学校安全类事件中，校园贷、电信诈骗等事件比较突出。其次是师生行为和学校管理类事件，分别为 99 起和 38 起，占比分别为 30.46% 和 11.69%（见图 3）。2016 年，招生考试类事件数量明显下降，这与国家频繁出台一系列规范招生考试的文件密不可分。

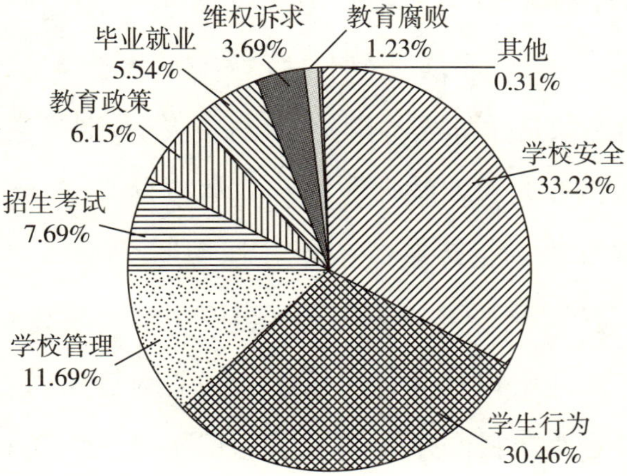

图 3　高等教育领域教育舆情事件类型分布

4. 师生行为仍然是最易引发教育舆情的类型

2016 年教育舆情事件中，师生行为类事件最多，共计 296 起，占比 39. 41%。其次是学校安全类和学校管理类事件，分别有 215 起和 73 起（见图 4）。

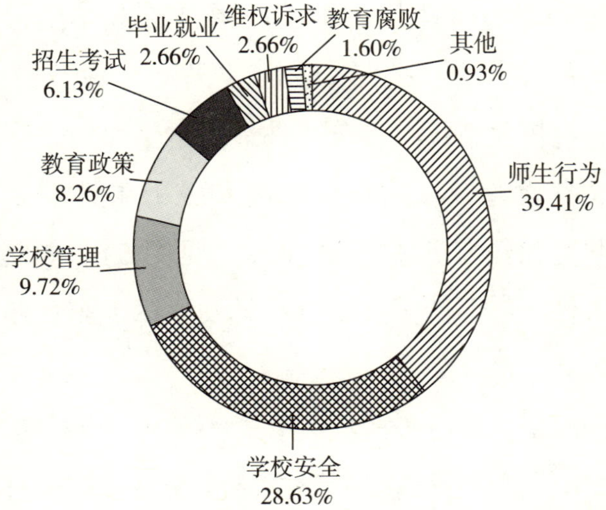

图 4　教育舆情事件类型分布

在296起师生行为类事件中，学生行为事件最多，达173起，占比近60%。其中，论文抄袭、考试作弊等学生违法违纪类事件在2016年频繁发生，有愈演愈烈的趋势。如吉林大学、山东大学、兰州大学、西南政法大学等学生硕士论文大面积抄袭，河南省潢川高中一女生作弊被抓后朝教师泼墨等典型事件。

5. 校园网贷和电信诈骗等事件引起重视

2016年，校园网贷和电信诈骗等事件频繁发生，共计36起，在学校安全类事件中占比为49.32%。由于网贷监管不力、缺乏规则、大学生自身消费观偏差及缺乏信息保护意识等原因，大学生背负百万债务欲跳楼、邢台多所高校学生陷校园贷诈骗、山东女孩徐玉玉遭电信诈骗、山东大学生疑遭电信诈骗后不幸离世等一系列事件频繁曝光，引发舆论关注。导致现阶段学生安全问题的原因是多元的，但从教育自身因素来看，这些问题背后隐藏的共同点是法制教育的弱化与缺失。

6. 校园欺凌和暴力事件受到广泛关注

校园欺凌和暴力事件共计64起，在173起学生行为类事件中占比为36.99%，近八成发生在城市（见图5）。此外，这些事件呈现出低龄化、群体化特征，部分事件造成学生死伤等严重后果。

发生在义务教育领域的校园欺凌和暴力事件最多，为40起，占全部校园欺凌和暴力事件的62.50%（见图6）。如北京中关村二小校园欺凌事件、广西两少女殴打小学女生、山东日照多名男生厕所围殴同学要其“舔屎”等。

值得注意的是，部分校园欺凌和暴力事件后果严重，甚至导致学生伤亡。如中学生拒绝3名同学拦路要5块钱被暴打进医院、广东五年级学生杀害六年级学生、青海15岁少年自杀留三份遗书道明被欺凌真相、湖南两名中学生当街互殴致其中一人死亡、举报同学收保护费山西少年遭围殴致死等。

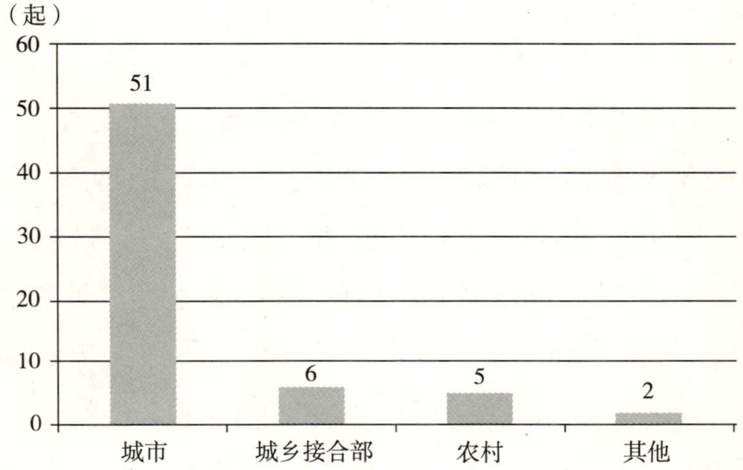

图 5　校园暴力事件地域性质分布

注："其他" 为不能确定地域性质的事件。

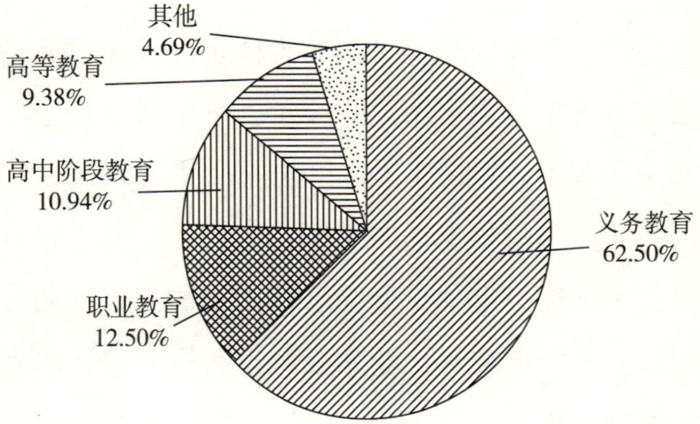

图 6　校园欺凌和暴力事件领域分布

注："其他" 为不能确定领域的事件。

二、国外媒体对中国教育的评论

1. 美国、英国和日本主流媒体对中国教育关注度高

2016年美国报道中国教育事件最多，共计77起，占全部事件比例为39.69%；其次，英国报道28起，占比14.43%；日本16起，占比8.24%，排在第三位。法国、新加坡和印度等国紧随其后（见图7）。相关国外主流媒体有《华尔街日报》、《华盛顿邮报》、美国有线电视新闻网、《经济学人》、《每日邮报》、英国广播公司、《读卖新闻》、《欧洲时报》、今日在线（TODAY online）和《印度时报》等。

2. 国际交流类、教育政策类事件最受关注

国外媒体公开报道的中国教育事件类型有国际交流、教育政策、教育观念、教育改革、招生考试、毕业就业、学校管理、师生行为、维权诉求、学校安全等。国外媒体最关注中国教育国际交流情况，国际交流类事件共计63起，占国外全部报道194起事件的32.47%（见图8）。如贾斯汀·格里宁首次正式访问中国，促进中英教育合作；中国小留学生涌向美国；东盟与中日韩承诺进一步推动教育合作；中巴经济走廊将会给巴基斯坦的年轻人带来更多就业和教育机会；中国资助纳米比亚学校开设教授普通话课程；等等。

教育政策类事件数量居于第二位，共计29起，占比14.95%。其中缩小城乡差距问题最受关注。如教育支出改革旨在帮助务工人员子女；广西进一步提高贫困地区的教育质量；中国将在新疆地区增加双语学校的数量；中国为150万农民工提供成人教育；等等。

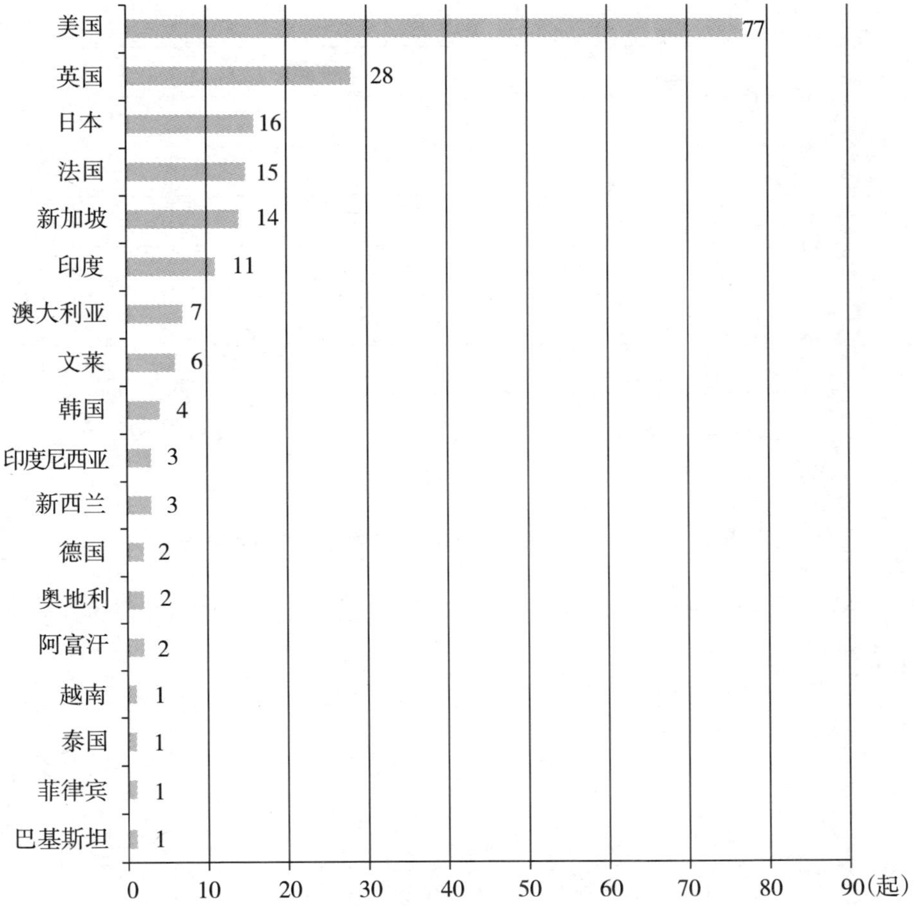

图 7　国外媒体对中国教育的报道情况

3. 近九成为正面和中性报道

2016 年外媒报道的中国教育事件中，正面报道为 133 起，中性为 38 起，负面为 23 起。正面和中性报道占比合计为 88. 14%，负面报道数量最少，占总数的 11. 86%（见图 9）。正面事件如夸夸雷利 · 西蒙兹（QS）调查——中国大学排名有所提升；通过社区学习中心加强终身学习；100 多位外国教练助力校园足球；世界银行支持中国云南地区的儿童早期教育；中国中部地区残疾儿童可在家免费接受教育。负面事件如中国学校要求移除有毒跑道；“中国性教育的缺乏

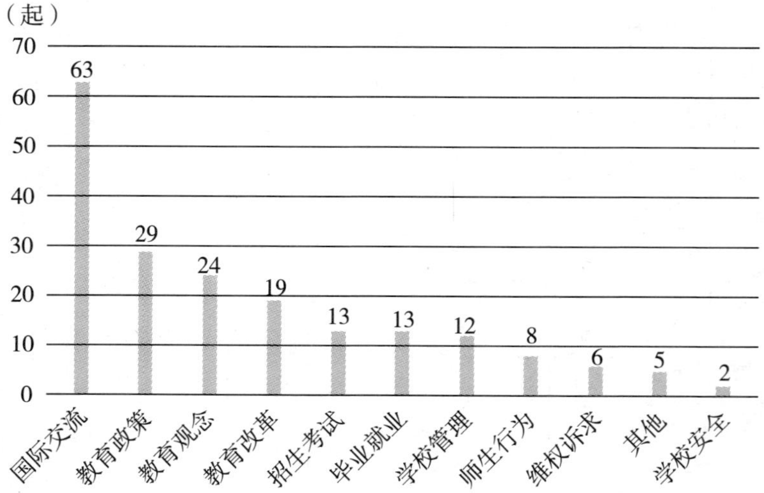

图 8　国外媒体报道的中国教育事件主要类型分布情况

使数百万年轻人面临危险”；“新家庭暴力法曝光了中国严酷的儿童管教问题”。

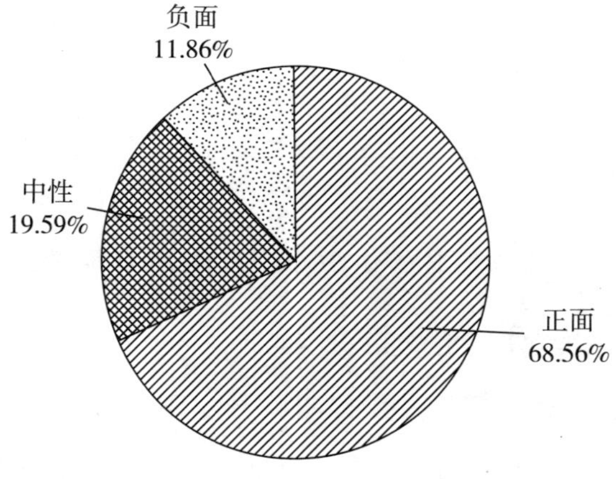

图 9　国外媒体报道的中国教育事件态度倾向情况

4. 外媒高度关注我国高等教育的发展，正面报道居多

从领域看，高等教育领域舆情事件最受关注，共计 91 起，占国外全年报道我国教育舆情事件总量的 46. 90%（见图 10）。例如：中国是否能成为世界教育界的领头人；中国改革大学课程，强调技

能培养；中国的大学在国际上的认可度更高；等等。

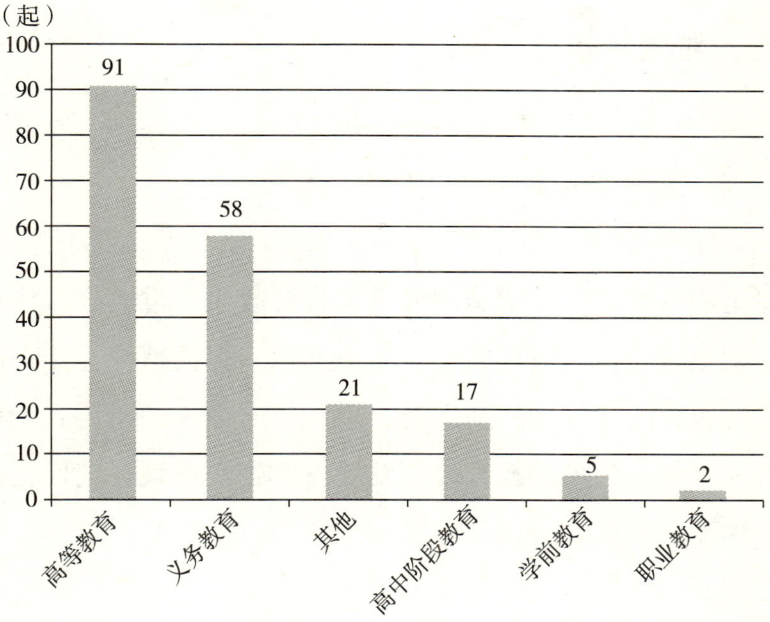

图 10　国外媒体报道的教育事件领域分布情况

从态度倾向看，国外媒体对我国高等教育领域教育事件的报道多以正面和中性为主，正面报道比例超过八成（见图 11）。

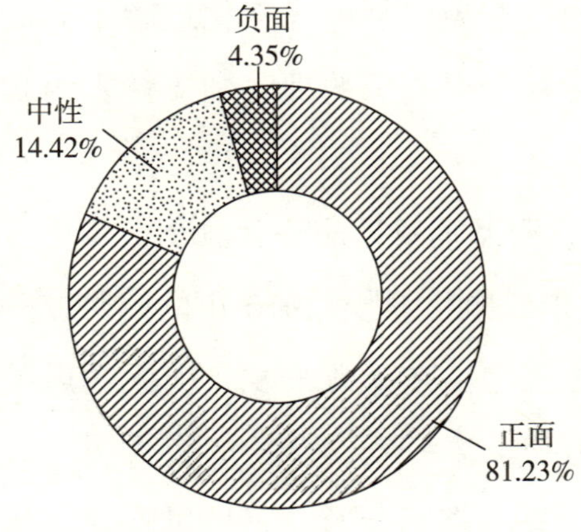

图 11　国外媒体报道我国高等教育领域教育事件态度倾向情况

三、对策建议

1. 进一步加强正面宣传，营造主流舆论

面对国内经济社会变革，理顺情绪、化解矛盾的任务更加繁重。要运用各类媒体，紧紧围绕重大教育政策、重大教育活动、百姓关心的热点等，传播正能量，凝聚共识、提振精神，让人民群众及时了解教育改革发展的新进展，理解政府面临的矛盾和困难，消除疑虑和误解，为推动教育改革发展、率先实现教育现代化提供强大的精神动力和良好的舆论环境。

2. 进一步加大与国外主流媒体的交流与合作

媒体是人们了解外部世界的窗口，也是沟通各国人民的桥梁。加大“请进来”力度，与西方媒体建立关系，与媒体记者进行交流，能够让各国媒体更客观地报道中国教育，让国际社会正确了解中国教育的实际情况，增进相互了解，纠正某些西方媒体长期以来的偏见和不当言论，避免因翻译或文化理解不同而产生的歪曲性报道，努力赢得国际社会对我国的理解和支持，为我国的教育发展营造良好的国际舆论环境。

3. 进一步完善重大事项风险评估机制

“高考跨省生源计划”成为2016年的热词之一。“高招”事件引爆网络舆论的原因之一在于政策发布前舆情风险评估不够。类似高考等关乎千家万户、牵一发动全身的重大民生事件的创新举措等重大事项的发布，都需要逐渐形成舆情风险评估机制，并形成与之相适应的评估流程、模式以及应对预案。公共政策舆情风险评估需在政策制定阶段同步开展，以便在服务于政策制定的实地调研、意见征求、决策讨论等环节发现舆情风险点，并通过调整政策规避或降低风险。

4. 进一步加强对政策实施的监管

随着互联网的快速发展，网络已成为汇集舆情、畅通民意的重要平台。但汇集民意是基础，能否落实民意才是关键。诸如“校园毒跑道”等学校安全事件的频发，反映出有些工作监督、落实力度仍然不够。因此，要加强对相关政策实施的监管，常抓不懈并真正督促落实，建立健全问责制度，接受新闻媒体和公众的监督，以推动相关政策的执行和落实，努力把网络建言变成施政实招。